W0410825

Mit der Maus durch Düsseldorf

Stadtgeschichte für Kinder

Danksagungen
Für stetige Unterstützung und Zusammenarbeit danke ich meinem Mann Bernd Schaumann.

Der J.P. Bachem Verlag dankt der „Stadtstreicherin“ Antje Kahnt herzlich für die Durchsicht des Manuskripts, der Düsseldorf Marketing & Tourismus GmbH für Anregungen und Unterstützung sowie dem WDR für die konstruktive Zusammenarbeit.

Elisabeth Mick

Mit der Maus durch Düsseldorf

Stadtgeschichte für Kinder

Mit Gutscheinen für einmal freien Eintritt für ein Kind in vier Museen (S. 176)!

J.P. BACHEM VERLAG

Elisabeth Mick
1947 in Köln geboren, ist Lehrerin und in der Museumsschule beim Museumsdienst Köln tätig. Neben der Betreuung von Schulklassen und anderen Besuchergruppen entwickelt sie museumspädagogische Projekte, erstellt Unterrichtsmaterialien und schreibt Bücher für Kinder.

Bibliografische Information Der Deutschen Bibliothek
Die Deutsche Bibliothek verzeichnet diese Publikation in der Deutschen Nationalbibliografie; detaillierte bibliografische Daten sind im Internet über http://dnb.ddb.de abrufbar.

1. Auflage 2008
© J.P. Bachem Verlag, Köln 2008
Lektorat: Martina Dammrat, Köln
Die Maus: © I. Schmitt-Menzel. WDR mediagroup licensing GmbH.
Die Sendung mit der Maus ® WDR.
Reproduktion/Gestaltung/Einband: Reprowerkstatt Wargalla, Köln/
Eva Kraskes, Köln
Druck: Grafisches Centrum Cuno, Calbe
Printed in Germany
ISBN 978-3-7616-2212-4

www.bachem.de

Inhalt

Zur Römerzeit

Mittelalter

Neuzeit

Moderne

Das Treffen der Spezialisten

Mit Mercur an der Grenze des Römischen Reiches

Mit dem Teufel ins Mittelalter

Mit dem Heinzel in die Neuzeit

Mit Emma Elf in die Moderne

Was du noch wissen solltest – zum Nachschlagen

Begriffe, die mit einem * gekennzeichnet sind, werden im Glossar auf den Seiten 166 bis 168 erklärt.

Das Treffen der Spezialisten

Emma Elf und Mercur warten auf den Teufel und Heinzel Mann

Emma Elf ging aufgeregt am Rathausufer auf und ab. Sie wartete auf die anderen drei Spezialisten. Sie wollten sich an der Pegeluhr treffen. Zehnmal war sie nun schon daran vorbei gelaufen. Wo sie nur bleiben?, dachte sie. Als sie die Pegeluhr zum elften Mal erreichte, blieb sie stehen. Vielleicht warten sie unten auf der Rheinufer-Promenade auf mich, dachte sie und rannte die Treppen hinunter. Aber auch hier waren sie nicht. Enttäuscht ging sie wieder nach oben, setzte sich auf die Steinbrüstung und sah auf den Rhein. Gerade legte ein Ausflugsschiff an und viele Fahrgäste drängelten zum Ausgang. Vielleicht waren sie ja unter denen. Aber sie suchte vergebens. Auf dem Rhein war

Ausflugsschiff an der Rheinufer-Promenade.

viel Verkehr. Containerschiffe, hoch beladene Frachtschiffe und Motoryachten fuhren an Düsseldorf vorüber. Sogar ein Boot mit vier Ruderern und einem Steuermann war gegen Süden unterwegs. Dann kam die „Heinrich Heine“ in Sicht und steuerte auf das Ufer zu. Es dauerte eine Weile, bis das Schiff vertäut war und die Fahrgäste aussteigen konnten. Emma reckte den Hals, um besser sehen zu können. Und dann entdeckte sie ihn. Unter den wenigen Fahrgästen sah sie Mercur. Wie elegant er aussieht, dachte sie. Dieser lockere Umhang! Das Hütchen mit den Flügeln! Der Heroldsstab* und natürlich der Geldbeutel! Und dann noch die Flügelchen an seinen Fußgelenken! Er ist nicht nur ein Gott, er sieht auch aus wie ein Gott, ging es ihr durch den Kopf. Er ist wie geschaffen für die Modestadt Düsseldorf. Emma freute sich und stürmte die Treppen hinunter auf Mercur zu. Er war ganz aufgeregt und begrüßte sie herzlich.

„Düsseldorf!“, sagte er, „ich hätte nie gedacht, dass wir uns einmal hier auf der rechten Rheinseite in Düsseldorf treffen. Sind die anderen schon da? Ich freue mich schon darauf, sie wiederzusehen.“

Aber vom Teufel und vom Heinzel Mann war immer noch nichts zu sehen.

„Wer kommt als nächster? Der Heinzel – oder der Teufel? Oder ob sie beide zusammen eintreffen?“, rätselte Mercur.

„Das glaube ich nicht. Du kennst sie doch“, entgegnete Emma.

Sie stiegen die Treppen zur Uferstraße hoch, setzten sich auf eine Bank an der Pegeluhr und warteten.

An der Pegeluhr kann man nicht nur die Uhrzeit, sondern auch den Wasserstand ablesen. Der kleine Zeiger gibt die Meter, der große Zeiger die Zentimeter an.

Zur Römerzeit

Vier Wahrzeichen von Düsseldorf, von rechts nach links: Pegeluhr, Schlossturm, Kirchturm von St. Lambertus und der Glasturm einer Versicherung.

Mit Mercur an der Grenze des Römischen Reiches

Auf germanischem Gebiet

„Eigentlich habe ich in Düsseldorf nichts zu suchen. Es ist nicht mein Gebiet“, sagte Mercur. „Der Rhein war die Grenze für uns Römer. Wir waren da drüben, auf der linken Rheinseite. Hier auf der rechten Seite, im Tal an der Düssel, lebten Germanen.“

„Du meinst da drüben in Oberkassel und Niederkassel und Lörick war römisches und hier in der Altstadt war germanisches Gebiet?“

„So ist es. Der große Julius Caesar hatte mit seinen Legionen ganz Gallien erobert. Ich meine das Gebiet, das heute Frankreich und Belgien umfasst, sowie die Niederlande und Deutschland bis an den Rhein. Natürlich wollten spätere römische Herrscher noch mehr Land auf der rechten Seite des Rheins bis hin zur Elbe erobern. Aber die germani-

Blick vom Rheinturm auf die linke Rheinseite mit Oberkassel. Im Vordergrund die Rheinkniebrücke, im Hintergrund die Oberkasseler Brücke.

Ober- und Niederkassel

Die Ortsnamen Ober- und Niederkassel lassen sich vom lateinischen Namen *castellum* ableiten, das Kastell oder Festung bedeutet. Auf der Halbinsel zwischen Heerdt und Lörick betrieben die Römer Landwirtschaft, um das Legionslager *Novaesium*, das heutige Neuss, zu versorgen. Deshalb hat man dort auch Reste von etlichen römischen Gutshöfen mit Wohnhäusern, Ställen und Speichern gefunden.

schen Stämme waren gefürchtet – mit Recht. Sie haben uns in die Falle gelockt und unser Heer in der Varusschlacht* im Osnabrücker Land fast völlig vernichtet. ‚*Quintili Vare, legiones redde!*' Varus, gib die Legionen zurück, soll Kaiser Augustus ausgerufen haben, als er die Nachricht von der Niederlage seines Statthalters in Germanien erhielt. Das hat der römische Schriftsteller Sueton aufgeschrieben. Eine Schande für uns, wie ich eingestehen muss. Dann haben wir schließlich den langen Grenzwall auf der rechten Rheinseite gebaut und die Eroberungen aufgegeben."

Römisches Glas war sehr beliebt bei den Germanen.

„Ich weiß", unterbrach ihn Emma. „Der Grenzwall war der Limes. Fünfhundertfünfzig Kilometer lang."

„Mit den Germanen, die hier im Gebiet siedelten, haben wir uns vertragen. Sie hatten auch Vorteile, denn sie bekamen Luxusgüter von uns: Gold und Silber, Parfüm und Salben, Glas und schöne Keramik, Olivenöl, Fischsoße und Gewürze. Eben alles, was römische Kultur ausmachte. Die Germanen hingegen hatten nur Vieh und Korn und was man sonst noch zum Leben braucht. Aber das Gebiet hier war feucht und sumpfig und dicht mit Wald bewachsen. Hier lebten nur wenig Menschen. Als sich dann mehrere germanische Stämme unter dem Namen Franken* zusammentaten und raubend und plündernd durch die Lande zogen, ergriffen die meisten Römer die Flucht. Ihnen war es hier zu unsicher und unruhig geworden. Das war auch auf der anderen Rheinseite so. Das Land verödete langsam, weil keine Bewohner mehr da waren."

„War die römische Zeit da zu Ende, als die Franken kamen?“, fragte Emma beeindruckt.

„Kann man so sagen“, antwortete Mercur. „Es gab noch ein hin und her, aber es war nichts mehr zu machen. Die Franken wurden die neuen Herrscher.“

„Sollen wir mal gucken, ob wir den Teufel und den Heinzel sehen?“

Sie standen auf und blickten umher. Aber die beiden waren nicht zu entdecken. Plötzlich fegte ein roter Hut mit einem Windstoß über den Burgplatz und die Promenade geradewegs auf die Pegeluhr zu.

„Das ist der Heinzelhut“, schrie Emma.

„Ja, ja, ja. Hier bin ich. Ja, ja, ja. Hier ist der Heinzel Mann. Nä, nä, nä, wat bin ich froh. Nä, nä, nä, wat is dat schön!“, hörten Mercur und Emma plötzlich ein feines Stimmchen und wie von Zauberhand stand der Heinzel Mann mit dem Hut auf dem Kopf vor ihnen.

„Mein Düsseldorf“, schwärmte er nach der Begrüßung. „Meine Residenzstadt* mit dem fürstlichen Schloss und dem Leben am Hofe. Ich weiß alles über die neue Zeit. Ich bin der Spezialist für die Neuzeit*.“

„Hau ab! Aber schnell! Ich bin dran.“ Der Teufel war erschienen und donnerte mit seinem Pferdefuß so auf die Uferpromenade, dass die Erde bebte – zumindest so ein bisschen.

„Residenzstadt – tsss..., fürstliches Schloss – tsss..., Leben am Hofe – tsss...! Davor kam noch was ganz anderes. Davor war Mittelalter* und dafür bin ich als Spezialist zuständig. Also, ich habe genau gehört, dass Mercur von den Franken gesprochen hat, und ab 500 nach Christus beginnt schließlich das Mittelalter. Jetzt bin ich dran!“, raunzte der Teufel den Heinzel an und schubste ihn zur Seite. Der Heinzel wäre beinahe hingefallen. Er konnte sich gerade noch auf den Beinen halten.

„Deine Begrüßung ist peinlich, wirklich peinlich! Du bist ungezogen, grob und verletzend! Ich wünsche mir fast, ich hätte dich nie kennen gelernt.“ Emma war empört über das Verhalten des Teufels.

„Teufelspack“, sagte Mercur verächtlich, „was soll man von ihm auch schon erwarten.“

Das Mittelalter

Das Denkmal erzählt von der Schlacht bei Worringen im Jahr 1288 und der Erhebung zur Stadt Düsseldorf durch Graf Adolf V. von Berg.

Mit dem Teufel ins Mittelalter

Geheimnisvolle Knochenfunde

„Na ja“, begann der Teufel. „Entschuldigung. Es tut mir leid. Ich wollte nicht unhöflich sein. Ich meine, ich ..., ich ..., ich hätte euch besser etwas freundlicher begrüßt. Aber ich bin nun mal der Teufel.“ Er blickte unsicher in die Runde, aber niemand sah ihn an. Sie guckten auf den Boden, in die Luft oder einfach durch den Teufel hindurch. Dann verbreitete sich der Geruch nach Feuer und Erde um sie herum und sie erinnerten sich. Das war der Geruch des Teufels.

„Dann will ich jetzt mal was zu den Franken sagen“, begann er kleinlaut. „Eigentlich weiß ich auch nicht viel über sie. Man hat im Boden Münzen gefunden, Fingerringe, Lanzenspitzen und Äxte. Auch Menschenknochen. Ich meine Gräber, in denen Skelette lagen. Ich könnte mal eine Geschichte vom Knochenfinden erzählen.“

Der Teufel guckte die drei nacheinander an. Dann nickte Emma. Auch Mercur bewegte seinen Kopf. Nur der Heinzel blieb regungslos. Er war immer noch beleidigt.

„Fang schon an!“, sagte er dann.

Der fränkische Krieger

Meine Geschichte beginnt vor mehr als fünfzig Jahren, als in der neuen Siedlung im Süden von Oberlörick Kies abgegraben wurde. Die Bagger standen im Garten des Hauses in der Ilvericher Straße Nr. 5 und hatten schon eine ziemlich tiefe Grube ausgehoben. Wenn der Arbeitstag vorüber war und die Bagger still standen, war diese Grube ein schöner Abenteuerspielplatz für die Kinder der neuen Siedlung. Eines Tages entdeckte ein Junge beim Spielen einen Knochen im Erdreich. Er rief die anderen Kinder zusammen und alle buddelten nun im Boden. Sie fanden einen Knochen nach dem anderen. Bald war ihnen klar, dass alle Knochen zum Skelett eines Menschen gehörten. Sie liefen nach Hause und erzählten es ihren Eltern, die sofort mit dem Stadtmuseum telefonierten. Die Mitarbeiter des Museums kamen

zum Fundort und sahen sich alles genau an. Die Knochen nahmen sie zur Untersuchung mit. Sie stellten fest, dass es sich um die Gebeine eines Franken handelte, der vor mehr als 1 500 Jahren dort begraben worden war. Dann gruben sie weiter und fanden insgesamt vierzehn Gräber mit vollständigen Skeletten. Dazu noch verwüstete Gräber, in denen sechs Franken bestattet waren. In einem Grab fanden sie auch außergewöhnliche Gegenstände: eine Gürtelschnalle, einen Ring und eine Pinzette. Der wertvollste Fund aber waren ein Schwert mit einer auffallend verzierten Scheide und ein Schild, die man dem fränkischen Krieger mit ins Grab gelegt hatte. Die Wissenschaftler fanden heraus, dass der Krieger zu der Zeit gelebt haben muss, als die Franken die Römer vertrieben und sich am Niederrhein festgesetzt hatten.*

Fränkische Fibeln aus Düsseldorf. Mit den Fibeln wurden Kleider und Umhänge zusammengehalten. Man kann sie mit heutigen Broschen und Sicherheitsnadeln vergleichen.

Grabbeigaben aus fränkischer Zeit, die 1957 in Lörick ausgegraben wurden.

„Interessant! Waren das die einzigen fränkischen Gräberfunde auf Düsseldorfer Gebiet?", wollte Mercur wissen.

„Nein. In Stockum, auf der Golzheimer Heide, in Bilk und Oberlörick, in Nieder- und Oberkassel, in Hamm und wer weiß wo noch hat man auch Gräber gefunden."

„Hat man auch Reste von fränkischen Häusern gefunden?"

„Nein. Nichts, gar nichts. Keine Mauer und keinen Balken."

„Schade", sagte Emma.

„Das ist langweilig", maulte der Heinzel. „Es gibt hier ja überhaupt nichts zu sehen von diesen Franken. Also, was sollen wir darüber reden. Ich will mal 'was Schönes machen. Nicht nur hier rumstehen und dem Teufel zuhören. Das macht mich müde."

„Dann schlaf doch! Dann erfährst du eben nichts", meinte der Teufel.

„Mach ich auch", antwortete der Heinzel patzig, legte sich auf eine Bank und fing augenblicklich an zu schnarchen.

„Kommt, wir machen eine Schiffstour. Wir fahren nach Kaiserswerth. Der Ort ist nämlich viel älter als Düsseldorf und da ist viel aus dem Mittelalter zu sehen", sagte der Teufel.

„Und der Heinzel?", fragte Emma besorgt.

„Der will doch schlafen", erwiderte der Teufel.

„Aber das können wir doch nicht machen. Wir können ihn doch nicht hier liegen lassen."

„Tsss...", machte der Teufel. „Warum denn nicht? Wenn er doch nicht will", sagte er und rannte zur Schiffsanlegestelle. Aber Emma brachte es nicht fertig, den Heinzel einfach auf der Bank liegen zu lassen, nahm ihn bei der Hand und zog ihn mit sich.

Rheinfahrt nach Kaiserswerth

„Los, mir nach", schrie der Teufel. Er hatte seine Schwanzquaste in der Hand und stampfte mit seinem Pferdefuß auf. „Ich will als erster auf dem Schiff sein."

Dann legte er los und drängelte sich rücksichtslos durch die Leute, die an der Anlegestelle warteten. Wer ihm im Weg war, bekam einen Tritt mit dem Pferdefuß, einen Schlag mit der Schwanzquaste oder einen Stoß mit den Hörnern in den Rücken.

„Unverschämtheit!", schrie ein starker Mann mit Muskeln und drohte mit der Faust. Auch andere Passagiere beschwerten sich lauthals. Aber dem Teufel war das egal. Das kann ja noch lustig werden, dachte Emma. Sie hätte sich am liebsten in Luft aufgelöst, so peinlich war ihr das Benehmen des Teufels. Beinahe hätte der Heinzel im Gedrängel seine Mütze verloren.

„Nä, nä, nä!", schrie er dem Teufel wütend nach. „Du Katzekopp, du Höllekenk."

Der Königsraub

Heinrich IV. war schon im Alter von drei Jahren zum König ernannt worden Er war erst sechs Jahre alt, als sein Vater, Kaiser Heinrich III., starb. Nun wurde der Kölner Erzbischof* und Kurfürst* Anno zum Beschützer und Erzieher seines Sohnes bestimmt. Aber Agnes, Heinrichs Mutter weigerte sich, ihren kleinen Sohn unter Annos Vormundschaft zu geben. Sie wollte ihn selbst erziehen, ihn auf das Königsamt vorbereiten und dazu noch das Heilige Römische Reich für ihn regieren. Dass sich eine Frau in die Politik* einmischte und für den kleinen König Entscheidungen traf, gefiel einigen Reichsfürsten überhaupt nicht. Vor allem Anno nicht, denn er wollte gerne die Reichseinnahmen, die dem kleinen König zustanden, für sich beanspruchen. Deshalb beschloss er, den Jungen zu entführen.

Als Heinrich zwölf Jahre alt war, wurde zu Pfingsten ein großes Fest auf der Pfalz* in Kaiserswerth gefeiert. Auch Anno war eingeladen und er reiste mit einem glanzvollen Schiff an. Dergleichen hatte man in Kaiserswerth noch nie gesehen. Nach dem großen Festmahl überredete Anno den jungen König, sich sein Prachtschiff anzusehen. Kaum war der Junge an Bord, hielt man ihn mit Gewalt fest und das Schiff legte ab. Als man weit genug vom Ufer entfernt war, ließ man ihn los. Heinrich erkannte aber, dass er entführt werden sollte. Er sprang todesmutig ins Wasser und versuchte an Land zu schwimmen. Er kämpfte mit der Strömung, aber vergebens. Ein Freund Annos sprang ihm hinterher und zog ihn wieder an Bord. Nun war er gefangen. Anno brachte den König in seinen Palast nach Köln und hielt ihn dort mehr als zwei Jahre fest. Danach hatte er keine Vorteile mehr von der Gefangenschaft, denn der König brauchte ab jetzt keinen Vormund mehr. Er war erwachsen.

Mit Männern der Kirche wollte Heinrich IV. sein Leben lang nicht mehr viel zu tun haben. Er ist auch nur noch ein einziges Mal nach Kaiserswerth gekommen, als die Fürsten sich dort trafen. Aber da war er schon ein Mann von über fünfzig Jahren und hatte als Kaiser schon viel regiert.

Mercur war das alles unangenehm und er erhob er sich in die Luft und schwebte über dem Gedrängel auf das schöne, weiße Schiff mit dem Namen „Stadt Düsseldorf". Natürlich hatte der Teufel sich den besten Platz oben auf dem Deck ausgesucht und als alle beisammen waren, begann er die Geschichte vom Königsraub zu erzählen.

Mittelalter

Nachdem sie an der schönen Landschaft des Niederrheins mit satten grünen Wiesen, Kopfweiden und Pappelreihen entlanggefahren waren, schrie der Teufel: „Kaiserswerth in Sicht!" Er sah zum Heinzel hinüber, der seinen Schlaf auf dem Schiff fortgesetzt hatte. Raub-, Mord- und Totschlaggeschichten interessierten ihn nämlich nicht. Er interessierte sich nur für Liebesgeschichten.

„Augen rechts", befahl der Teufel. „Ruine der wehrhaften Zollfeste und Kaiserpfalz* in Sicht. Fünfzig Meter lang, vierzehn Meter hoch und viereinhalb Meter breit! Wir landen gleich an – Achtung beim Aussteigen!"

Aus der Geschichte von Kaiserswerth

Als das Dorf an der Düssel noch völlig unbedeutend war und dort nur ein paar Fischer lebten, spielte Kaiserswerth schon eine bedeutende Rolle in der deutschen Geschichte. Urkunden bezeugen, dass es über Jahrhunderte ein Stützpunkt deutscher Kaiser und Könige war. Einst war Kaiserswerth eine Insel im Rhein. *Werth* bedeutet Insel. Zur Zeit der Franken* schenkte der Herrscher Pippin und seine Frau Plektrudis diese Insel dem Mönch Suitbertus. Er baute darauf eine Kirche und ein Kloster und wollte darin beten, arbeiten, andere für dieses Leben gewinnen und zum Glauben führen. Aus dem ersten Hof entwickelte sich ein fränkischer Königshof. Später wurde eine Pfalz* daraus. Der Kaiser wohnte mit seinem gesamten Hofstaat dort, wenn er Gericht hielt und die Verwaltung organisierte. Wenn die Arbeit getan war, zog er zur nächsten Pfalz weiter.

Der hl. Suitbertus auf einem Holzschnitt von 1508.

Nachdem die Pfalz für fast 100 Jahre ihre Bedeutung verloren hatte, interessierte sich Kaiser Barbarossa wieder für sie und baute sie zu einer mächtigen Festungsanlage aus, deren Ruinen heute noch zu sehen sind. Er verlegte auch den Rheinzoll von Tiel in Holland nach Kaiserswerth und erhob den Ort zur Reichszollstätte. Jetzt mussten hier die Schiffe anlanden und Zoll auf Wein, Mühlsteine, Kohlen, Schiefer, Heringe, Salz, Hafer, Äpfel und Pflaumen bezahlen, wenn sie das Kaiserswerther Gebiet passieren wollten. Daraus entwickelte sich ein guter Marktplatz, von dem viele Händler und Käufer Nutzen hatten.

Kaiserswerth mit der Kaiserpfalz.

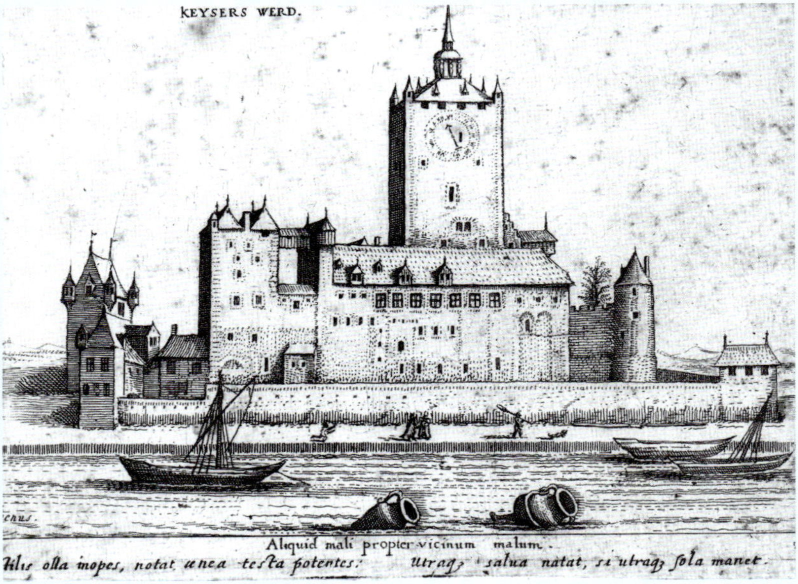

Durch das Geschrei des Teufels erwachte der Heinzel und rieb sich die Augen. Emma nahm ihn bei der Hand und sagte:

„Wir steigen zuletzt aus. Ich will nicht, dass man uns mit dem Teufel sieht."

Mercur hatte sich schon in die Lüfte erhoben und landete am Schiffsanleger, direkt am Hochwassertor, an dem die Flutmarken der vergangenen hundert Jahre angebracht waren.

Die Kirche St. Suitbertus

Als der hl. Suitbertus sich auf der Insel niederließ, baute er eine Kirche und ein Kloster. 713 starb er dort. Die heutige Kirche stammt aus späterer Zeit, etwa aus dem 11. bis 13. Jahrhundert. In dieser romanischen* Kirche steht neben anderen Kunstwerken der kostbare Schrein mit den Gebeinen des hl. Suitbertus. Er ist reich mit Figuren und feinen Goldschmiedearbeiten verziert. Auf der Vorderseite sind Suitbertus und der fränkische Herrscher Pippin mit seiner Frau Plektrudis dargestellt.

Mittelalter

„Sofort zur Kaiserpfalz!“, kommandierte der Teufel, als alle beisammen waren. „Wie ihr dahin kommt, ist mir egal. Ich bin mal weg. Wir treffen uns in den Ruinen der Kaiserpfalz am großen Stein mit der lateinischen Inschrift.“

Die drei stapften im Ruinengelände umher und hatten den Stein bald gefunden. Dann begann Emma zu lesen:

„Dieser Denkstein befand sich über dem Hauptportal des 1702 zerstörten Schlosses. Er wurde 1705 nach Düsseldorf und 18..., das kann man nicht mehr lesen, wieder nach Kaiserswerth gebracht.“

„Aha! Aber das ist doch kein Latein“, wunderte sich der Heinzel.

„Hier ist die lateinische Inschrift“, rief Mercur und begann sofort zu übersetzen: „Im Jahr 1184 nach der Menschwerdung unseres Herrn Jesus Christus hat Kaiser Friedrich diese Zierde dem Reiche hinzugefügt, um die Gerechtigkeit zu festigen und damit überall Friede herrsche.“

„Verstehe ich nicht“, maulte der Heinzel.

„Und wo bleibt jetzt der Teufel? Der soll uns das erklären!“ Emma ärgerte sich. Sie ging rechts am Stein vorbei und stieg die Stufen hoch. Dann sah sie ihn. Er stand hoch oben auf der Mauer und blickte auf den Rhein. Er tat so, als wäre er der Herrscher über das Gemäuer, den Fluss und das weite Land.

Schrein mit den Reliquien des hl. Suitbertus.

„Dieser Teufelskerl, dieser Angeber, dieser Aufschneider. Ich weiß doch, dass er Höhenangst hat und da oben wie Espenlaub im Wind zittert. Ich habe das doch selbst schon erlebt und musste ihn aus der Höhe wieder auf den Boden holen", regte Mercur sich auf, der ihn auch sah, als er zu Emma trat.

„Er will uns mal wieder imponieren mit diesem Quatsch", meinte sie.

Entschlossen erhob Mercur sich in die Luft, packte den Teufel und setzte ihn an der Königstreppe wieder auf den Boden.

„Die Treppe kannst du alleine gehen", sagte er.

Ruine der Kaiserpfalz in Kaiserswerth. Auf der acht mal acht Meter großen Fläche rechts stand der sechzig Meter hohe Turm.

Dann kam der Teufel mit wackeligen Knien und Schweiß auf der Stirn die einstmals königliche Treppe herunter, stand auf der ehemaligen Zugbrücke und stützte sich auf das Geländer. Nachdem er sich erholt hatte, zeigte er auf die Balkenlöcher im Gemäuer und erklärte, dass sie die Lage der Zwischendecke aus Holz markierten. Aber viel mehr mochte er auch nicht sagen, bis sie wieder unten waren und festen Boden unter den Füßen hatten. Dann begann er von den Steinen zu sprechen. Von den mächtigen schwarzen Basaltsäulen, die in den großen Steinbrüchen bei Remagen gebrochen und mit Flößen auf dem Rhein bis nach Kaiserswerth geschafft worden waren. Sie waren besonders hart. Ihnen konnte der Beschuss aus Kanonen und Bombarden* nichts anhaben. Aber sie waren auch teuer, deshalb baute man oberhalb mit dem billigen hellen Trachyt weiter, der vom Drachenfels bei Königswinter kam. Dann umschritt er geheimnisvoll eine Fläche, die mit Ziegeln gepflastert war.

„Acht mal acht Meter", sagte er.

„Das sind vierundsechzig Quadratmeter", unterbrach ihn der Heinzel.

„Eben. So groß war die Fläche des Turms. Und fast genauso hoch war er. Im Krieg von 1701 bis 1714, dem Spanischen Erbfolgekrieg, ist er gesprengt worden. Es blieb nur ein riesiger Steinhaufen davon übrig. Auch die Pfalz wurde völlig demoliert und hatte keine Bedeutung mehr. In den späteren Jahrhunderten holten sich die Kaiserswerther die Steine vom Turm und von der Pfalz und bauten sich damit ihre Häuser."

Rallye durch die Kaiserpfalz.

Warum Kaiserswerth keine Insel mehr ist

Es war das Jahr 1215, als Bischof Otto von Münster in der Kaiserpfalz gefangen gehalten wurde. Alle Versuche, ihn durch Verhandlungen zu befreien, scheiterten. Otto saß schon zwanzig Monate im Verließ der Pfalz und immer noch war kein Ende der Gefangenschaft abzusehen.*
Nun beschloss sein Freund, Adolf von Berg, ihn mit Gewalt zu befreien. Er stellte eine schwer bewaffnete Truppe zusammen und griff die Festung von Schiffen aus an. Die Soldaten der Kaiserpfalz lachten darüber. Sie schossen von den hohen Basaltmauern ihre Pfeile ab und gossen siedendes Öl herunter. Die Angreifer standen auf den schwankenden Schiffen, trafen nichts und konnten auch den Geschossen nicht schnell genug ausweichen. So mancher versank mit seiner schweren Rüstung in den Fluten des Rheins. Adolf von Berg musste aufgeben.
Aber so schnell gab er sich nicht geschlagen. Er versuchte es noch vier Mal von Schiffen aus, aber nichts gelang. Die Festung auf der Insel war uneinnehmbar.
Das wollte Adolf nicht in den Kopf und nach langem Nachdenken hatte er die Idee. Wenn er vom Wasser aus keinen Erfolg hatte, dann wollte er es über einen Damm von der Landseite versuchen. Mit seinen Männern schaufelte er Sand, Steine, Kies und Geröll auf, und weil der Rhein einen niedrigen Wasserstand hatte, war die Arbeit zügig getan. Seinen Männern war es außerdem noch gelungen, einen Tunnel zu graben und bald zogen sie mit Schlachtgebrüll und Trommelwirbel über den Damm und durch den Tunnel in die Festung. Jetzt hatten sie leichte Hand, denn die Verteidiger waren völlig überrascht, und so sprengten sie Schlösser und Riegel an Toren und Türen und befreiten den Bischof Otto von Münster. Durch den Damm versandete der Rheinarm immer mehr und bald lag die Festung Kaiserswerth nicht mehr auf einer Insel.

Mit Kanonen auf Schiffer – das ehemalige Zollhaus

Das alte Haus mit dem Stufengiebel ist das prächtigste Haus aus der Zeit vor der Zerstörung von Kaiserswerth 1702. Die Jahreszahl 1632 ist in Eisen am Haus befestigt. Oben an der Hausecke ist ein Zöllner aus Stein angebracht. Er setzt seinen Stiefel auf einen Kahn und zählt das Zollgeld in seinem Beutel. Wenn die Schiffer sich ohne Zoll zu bezahlen davonmachen wollten, donnerten die Kanonen von der Pfalz*. Etliche Kanonenkugeln hat man zum Andenken daran in die Fassade eingemauert.

„Schon wieder so eine Geschichte mit Kampf und Mord und Totschlag“, mäkelte der Heinzel, als der Teufel geendet hatte. „Gehen wir jetzt woanders hin? Hat Kaiserswerth nicht noch andere Sehenswürdigkeiten?“

„Ja, das alte Zollhaus und das sogenannte Romanische Haus“, antwortete der Teufel knapp.

„Ich habe auch eine Kirche gesehen“, mischte sich Emma ein.

„Grrrrrrrrr... Bleib mir vom Leib mit Kirchen. Ich habe nichts damit zu schaffen. Ich will nichts davon hören. Gar nichts. Verstehst du? Ich kriege eine Allergie davon. Ich bin der Teufel!“

„Dann fahren wir wohl besser zurück nach Düsseldorf“, sagte Emma und machte sich auf den Weg zum Schiffsanleger. Bald waren auch die anderen da und gemeinsam warteten sie auf das nächste Schiff.

Das „Romanische Haus“

Das „Romanische Haus“ am Platz der Suitbertusbasilika stammt vermutlich aus dem Jahr 1250. Es ist eines von den sechs gut erhaltenen romanischen Häusern in Deutschland. Private Bauwerke aus jener Zeit gibt es kaum, weil nur reiche und adelige Leute Steinhäuser bauten. Die anderen Häuser waren aus Fachwerk, also aus Holz und Lehm gebaut.

Sie brannten leicht ab oder verfielen mit der Zeit. Den romanischen Baustil* erkennt man vor allem an den Fenstern, sie haben runde Bögen und kleine Säulchen. Schon die Römer bauten in diesem Stil, deshalb auch der Name Romanischer Baustil.

Ein rätselhaftes Monument

Das Schiff legte an der Rheinufer-Promenade am Büdchen der „Weißen Flotte“ an. Sofort raste der Teufel die Promenade entlang bis zum Burgplatz. Die anderen kamen kaum hinterher und waren ziemlich außer Atem, als sie auf dem weiten Burgplatz standen.

„Wir gehen zum Denkmal. Abmarsch!“ Keiner wusste, was der Teufel mit dem Denkmal meinte, aber sie folgten ihm. Es war nicht weit, dann standen sie an der Ecke Joseph-Wimmer-Gasse und Müller-Schlösser-Gasse vor einem rätselhaften Werk aus Bronze.

„Was ist das denn für ein Durcheinander. Da blickt ja keiner durch. Das ist ja Chaos!“, legte der Heinzel sofort los und schrie dann: „Iiiiiiih, da ist ein Totenkopf“, und zeigte auf den Totenkopf aus Bronze.

„Halt den Mund und hör erst mal zu“, rief der Teufel und blitzte den Heinzel streng an.

„Das ist das Stadterhebungsmonument“, sagte er dann und ließ seine Schwanzquaste fallen. „Jeder Düsseldorfer muss wissen, was das Denkmal für eine Geschichte erzählt, was es darstellt und wer es geschaffen hat.“

„Glaub ich nicht, dass jeder Düsseldorfer das weiß“, sagte Emma.

„Ich auch nicht“, schloss sich der Heinzel an.

„Ich bin mir nicht sicher“, zweifelte Mercur.

„Wir können ja mal die Leute befragen“, sagte Emma. Sie hielt eine Frau an und stellte ihr die drei Fragen. Dann trauten sich auch die anderen. Nachdem jeder etliche Passanten befragt hatte, tauschten sie ihre Erfahrungen aus.

„Die wissen gar nix, die Düsseldorfer. Wisst ihr, was ein Mann zu mir gesagt hat? ‚Ich lebe schon seit sechzig Jahren in Düsseldorf und mir ist dieses Denkmal noch nie aufgefallen. Ich weiß auch nicht, wo-

Mittelalter

Anlegestelle der „Weißen Flotte“ an der Rheinufer-Promenade.

Totenkopf vom Stadterhebungsmonument von Bert Gerresheim. Das Denkmal erzählt von der Schlacht bei Worringen bei der 1288 etwa 10 000 Männer gekämpft haben und viele den Tod fanden.

rum es geht. Und wer es gemacht hat, weiß ich auch nicht'", berichtete der Heinzel.

„Bei mir war das ähnlich. Ein junger Mann war ganz ungehalten und hat gesagt, er hätte keinen blassen Schimmer", sagte Emma.

„Bei mir hat einer gesagt, das Denkmal richtet sich gegen Gewalt und Krieg", ergänzte Mercur.

„Das stimmt", bestätigte der Teufel. „Das Denkmal erzählt von der Schlacht bei Worringen am 5. Juni 1288."

Die Schlacht von Worringen

Am 5. Juni 1288 zog Graf Adolf V. von Berg als Verbündeter des Herzogs Jan I. von Brabant in eine der letzten großen Ritterschlachten auf der Fühlinger Heide bei Worringen im Norden von Köln. Er wurde von den Truppen der bergischen Bauern und der Kölner Bürger begleitet. Sie kämpften gegen den Erzbischof* von Köln und seine Verbündeten. Der Zankapfel war das Herzogtum Limburg (westlich und südlich von Aachen), das beide Parteien als Erbe beanspruchten. Am Abend war der Erzbischof gefangen genommen und die Sieger standen fest: Herzog Jan I. von Brabant, Graf Adolf V. von Berg, die bergischen Bauern und die Kölner Bürger. Weil die bergischen Bauern entscheidend zum Sieg beigetragen hatten, erhob der Herzog Graf Adolf V. das Dorf an der Düssel zur Stadt.

Reitersiegel des Grafen Adolf von Berg, der Düsseldorf die Stadtrechte verlieh.

Schlachtgetümmel: 1288 bei Worringen

„Ich war dabei, als sich die mehr als sechstausend Reiter und die viertausend Fußkämpfer auf der Worringer Heide aufstellten", begann der Teufel. „Zehntausend Mann! Die Ritter auf den Pferden trugen Panzerhemden aus Kettengeflecht. Sie waren so dicht, dass kein Licht mehr durchscheinen konnte und bedeckten Oberkörper, Arme und Hände. Auch Beine und Füße waren mit dem Ringgeflecht geschützt, so dass die Ritter gegen Schwerthiebe und Bogenpfeile gewappnet waren. Jedoch nicht gegen Lanzenstöße, Axthiebe und Keulenschläge, die den Reitern die Knochen brechen konnten. Deshalb trugen sie zusätzlich die ‚Platen', eine Schutzrüstung aus Stahl- oder Eisenplatten. Darüber zogen sie den Waffenrock mit dem Wappen aus Stoff. Auf dem Kopf saß der Topfhelm.

Der Mönch Walther Dodde und die bergischen Bauern vor ihrem entscheidenden Eingreifen in die Schlacht. Gemälde von Peter Janssen im Düsseldorfer Rathaus.

Das Fußvolk war sehr unterschiedlich ausgerüstet. Manche trugen Helm, Schwert und Schild, andere Platen und einen Eisenhut. Ihre Waffen waren einfach, aber wirkungsvoll: Morgensterne und Knüppel, die mit großen Nägeln gespickt waren, Kriegsflegel und Armbrüste.

Rüstung zur Zeit der Schlacht bei Worringen. Jan I. von Brabant trug den Löwen auf seinem Wappenkleid.

Die beiden Parteien nahmen auf dem Schlachtfeld Aufstellung. Nachdem das Signal ertönt war, ritten sie aufeinander zu. Jede Partei war sich sicher, den Feind schnell und ohne großen Widerstand zu besiegen. Aber es kam ganz anders. Es kam so schlimm, dass es selbst einem Teufel Angst und Bange und ganz elend werden konnte. Angespornt von wilden Schlachtrufen schlugen sie aufeinander ein. Im Schlachtengetümmel stießen sie sich mit den Lanzen vom Pferd oder hieben mit den Schwertern so aufeinander ein, dass sie schwer verletzt von ihren Pferden hingen und von ihnen zu Tode geschleift wurden. Wenn sie auf das Schlachtfeld stürzten, wurden sie von den nachfolgenden Pferden überrannt oder von den Fußtruppen zu Tode getrampelt. Manche blieben schwer verwundet zurück. Auch den Pferden setzten sie zu. Sie stießen ihnen die Schwerter so tief in den Leib, dass die Gedärme auf den Boden quollen und die Tiere qualvoll verendeten."

Der Teufel holte tief Luft und machte eine Pause. Selbst ihm fiel es schwer, über die Grausamkeiten auf dem Schlachtfeld zu berichten. Der Heinzel hatte sich an den Brückenpfosten gelehnt und hielt sich die Ohren zu. Er konnte das nicht aushalten und schaute auf die kleine plätschernde Düssel, die hier in einem Kanal verschwindet und die letzten Meter bis zum Rhein unterirdisch zurücklegt. Auch Emma stand blass und ernst da. Nur Mercur behielt Haltung, denn als römischer Gott kannte er das grausame Kriegsgeschehen. Er hatte es selbst oft genug miterlebt.

Ganz nahe beim Stadterhebungsmonument fließt die Düssel die letzten Meter unterirdisch und mündet in den Rhein. Sie entspringt etwa 40 Kilometer entfernt im Bergischen Land.

„Als der Erzbischof* gefangen genommen worden war", fuhr der Teufel fort, „schlug die Stunde der bergischen Bauern. Sie waren wild entschlossen, treu zu ihrem Landesherren, dem Grafen Adolf von Berg, zu stehen. Sie trugen eine einfache Jacke und eine Haube, einige auch den Panzer. Sie waren mit benagelten Knüppeln, Morgensternen, Kriegsflegeln, Sensen und anderen Waffen ausgerüstet. Die Kölner waren an ihrer Seite und trugen glänzende Kettenhemden und Schwerter. Der Mönch Walther Dodde führte die Bauern mit dem Schlachtruf: ‚Heija, Berge romerijke, heija, ruhmreiches Berg' an. Dann stürmten sie auf das Schlachtfeld und schlugen wild entschlossen Freund und Feind nieder. Sie wussten nicht, wer Feind oder Freund war. Aus Versehen wollten sie auch einen Gefolgsmann des Herzogs von Brabant niederschlagen. Als er aber ‚Heija, Berge romerijke' rief, kämpften sie zusammen und schlichen von hinten an die Feinde heran. Die Kölner mit ihren Truppen folgten ihnen. Dann erschlugen sie die überraschten Gegner ohne Gegenwehr. So mancher Ritter wurde von den Bauern niedergeworfen. Sie zerschlugen ihnen mit ihren Nagelkeulen alle Glieder und erstachen die Pferde."

Der Teufel machte erneut eine Pause und wischte sich mit der Hand den Schweiß von der Stirn. Dann fuhr er mit zittriger Stimme fort:

„Als das wilde Gemetzel zu Ende war, schlug die Stunde der Diebe. Sie beraubten die Kämpfer, noch ehe sie tot waren. Dann lagen Grafen und Herzöge nackt und verloren auf dem Schlachtfeld und niemand erkannte, wer sie waren und welche Stellung sie hatten. So wurden Hohe und Niedere, Alte und Junge, Reiche und Arme auf Kar-

ren geladen und auf den Friedhof von Worringen gekarrt."

Nun ging der Teufel dicht an den linken Teil des Denkmals heran und erklärte die Einzelheiten. Sie erkannten den Mönch Walther Dodde, die Waffen, Helme, Rüstungen, Wappenschilder und drei Trommeln zur Unterstützung des Schlachtrufs. Im Vordergrund steht der Tod als verhüllter Knochenritter und die vier apokalyptischen Reiter, die Pest, Krieg, Hunger und Tod versinnbildlichen.

„Was soll das hier vorne in der Mitte bedeuten?", fragte Emma den Teufel.

„Graf Adolf von Berg und seine Frau besiegeln die Urkunde zur Stadterhebung am 14. August 1288. Die Lippische Rose steht für die bergischen Bauern, der Löwe für die Grafen von Berg und der Anker für das Fischerdorf an der Düssel", antwortete der Teufel.

Mittelalter

Die Bauern kämpften mit Morgensternen gegen die Ritter, die durch das Kettenhemd geschützt waren. Die Morgensterne bestehen aus Radnaben, die mit spitzen Nägeln beschlagen sind.

Vie der Ritter Rupold von Pempelfort zur Kröte wurde

Jach dem Sieg in der Schlacht bei Worringen wollte Graf dolf V. Düsseldorf zur Stadt erheben. Deshalb bat er den Ritter on Pempelfort, etliche andere Ritter und den Rechtsgelehrten Aeister Nörrenberg, ihm bei der Erstellung der Urkunde zu helːn. Alle setzten sich beim Wein zusammen und bald war die Irkunde aufgesetzt. Meister Nörrenberg schrieb den Text in lazinischer Sprache und in seiner schönsten Schrift auf das Pergaient. Als Graf Adolf die Urkunde laut vorlas, hatte der Ritter on Pempelfort schon viel Wein getrunken, war eingeschlafen und schnarchte, ass die Wände wackelten. Graf Adolf war empört und schimpfte laut mit ım. Aber der hörte nichts und schnarchte weiter. Plötzlich sprang der Ritter dolf von Vlingern erbost auf, hob den Ritter Rupold mitsamt dem Stuhl, auf em er saß, hoch und trug ihn hinaus. Dann warf er ihn in einen Brunnentrog nd sagte: „Alter Saufbold! Jetzt kannst du Wasser trinken, bis du ost ansetzt." Dem Ritter von Pempelfort gelang es nicht, schnell enug aus dem Wasser herauszukommen, und er ersoff im Brunentrog.*

Aan erzählt, dass der Ritter Rupold sich dann in eine Kröte verwandelt at, die an der Düsselmündung laut quakt und die Leute erschreckt. ber Kröten quaken doch nicht – oder?

In Düsseldorf durfte jede Woche Markt abgehalten werden.

„Was sollen denn die Fische, Fischernetze, Kisten und Körbe voller Obst und Gemüse, Bierflaschen und verschnürte Pakete bedeuten?“, fragte der Heinzel plötzlich.

„Hier wird gezeigt, dass Düsseldorf nun jede Woche Markt abhalten durfte und dazu noch einen Jahrmarkt im Herbst und im Frühjahr. Die Bürger durften ihre Waren jetzt auch zollfrei im ganzen Herrschaftsbereich des Grafen von Berg transportieren. Weil sie jetzt eine Stadt waren, bekamen sie auch ein eigenes Gericht, das auf dem Marktplatz tagte. Wer den Marktfrieden nicht beachtete, bekam die Hand abgeschlagen. Dieben wurden die Ohren abgeschnitten oder geschlitzt, damit jeder das ‚Schlitzohr‘ erkennen konnte. Betrüger und andere Missetäter mussten am Pranger stehen oder im Geckshäuschen am Markt sitzen – öffentlich. Jeder konnte sie sehen. Auch Hinrichtungen wurden öffentlich vom Henker vollzogen“, berichtete der Teufel und lachte dabei hämisch und schadenfroh. Das war sein Spezialgebiet, an dem er höllischen Spaß hatte.

Der Mönch trägt den Schrein des hl. Apollinaris. Durch die Reliquien wurde Düsseldorf zu einem bedeutenden Wallfahrtsort am Niederrhein.

Als Emma aber nach der Bedeutung der Darstellung auf der rechten Seite fragte, rastete er total aus. Dort war nämlich ein Mönch dargestellt, der den Schrein mit den Überresten des heiligen Apollinaris trug. Durch diese Reliquien* wurde Düsseldorf zu einem bedeutenden Wallfahrtsort* am Niederrhein.

„Diese Reliquien des Ap…, Apo…, Apoll…, Apollinaris sind da drüben in der Lambertuskirche. Pfui … pfui … bäh … bäh … PfuiTeufelHimmelArschUndZwirnUndInDreiTeufelsNamen!“, schrie er laut herum und rannte schließlich zornig davon. Das Gezeter hatte die anderen nicht sonderlich beeindruckt und sie beschäftigten sich weiter mit dem Denkmal.

„Ich finde das Denkmal gut“, sagte Emma. Die anderen nickten.

„Aber es ist nicht gut zu sehen, hier an dieser Ecke“, entgegnete Mercur. „Wir Römer haben unsere Denkmäler und Siegessäulen immer in die Mitte von Plätzen und Kreuzungen gesetzt.“

„Andere Zeiten, andere Sitten“, entgegnete Emma und ging durch die schmale Gasse auf die Kirche St. Lambertus zu.

Bert Gerresheim – der Künstler des Stadterhebungsdenkmals

Der Heimatverein Düsseldorfer Jonges wollte der Stadt zum 700-jährigen Geburtstag ein Denkmal schenken. Es sollte die Geschichte Düsseldorfs zeigen. Sie waren froh, als sie den Düsseldorfer Künstler Bert Gerresheim gefunden hatten, der sich solch ein großes und aus vielen Einzelheiten bestehendes Denkmal ausdenken und auch anfertigen konnte. Zuerst musste Bert Gerresheim viel über die Schlacht bei Worringen und die anderen geschichtlichen Ereignisse lesen. Dann entwickelte er eine Idee und machte eine Zeichnung. Danach entstand ein Modell aus Ton. Das war eine lange und schwierige Arbeit. Immer wieder fielen ihm neue Einzelheiten ein. So hat er auch eine Pistole und einen Motorradhelm eingebaut. Er wollte damit zeigen, dass es auch heute noch Krieg in der Welt gibt und alltägliche Gewalt im Verkehr auf den Straßen. Nun wurden die 450 Teile einzeln in Bronze gegossen und anschließend zusammengeschweißt. Zuletzt signierte der Künstler das Denkmal mit dem Abdruck seiner rechten Hand. Es wurde zum 700sten Geburtstag der Stadt am 12. August 1988 aufgestellt.

Mittelalter

Eine Kirche für die neue Stadt: St. Lambertus

„Warte auf mich!“, rief Mercur. Emma blieb stehen. Dann kam auch der Heinzel hinterher gelaufen. Nur der Teufel kam nicht.

„Wir gehen mal in die Lambertuskirche. Sie ist die erste Kirche des mittelalterlichen Düsseldorf gewesen. Heute ist sie die älteste Kirche der Düsseldorfer Altstadt“, sagte sie dann.

„Sag mal“, begann Mercur. „Hat der Teufel nicht eben was von Apoll gesagt? Von unserem römischen Gott, dem Sohn

St. Lambertus, die älteste Kirche der Düsseldorfer Altstadt.

des Göttervaters Zeus? Apoll, der als Idealbild männlicher Schönheit gilt und als nackter Jüngling dargestellt wird?“

„Nein, der hat nicht von Apoll gesprochen, sondern vom heiligen Apollinaris. Seine Gebeine werden hier in der Kirche aufbewahrt, hat doch der Teufel angewidert erzählt“, stellte Emma richtig.

„Ach, du meinst sicherlich die Reliquien*, die die Menschen verehren. Lauter Knochenreste, meist in einem prächtigen Schrein ...“

„Die will ich sehen“, sagte der Heinzel entschlossen und lief auf die Kirchentüre zu.

„Wo sind die denn jetzt, diese apollinarischen Gebeine?“, fragte der Heinzel, nachdem sie eingetreten waren.

„Woher soll ich das wissen“, antwortete Emma ihm gereizt.

Als die drei noch unentschlossen an der Kirchentüre standen, kam ein freundlicher Mann mit einem Bart auf die drei zu.

„Kann ich helfen?“, fragte er.

Er führte sie zum Pfarraltar mit dem Schrein des heiligen Apollinaris, dem Stadtpatron von Düsseldorf. Dann erzählte er, dass Graf Adolf die erste Kirche nach der Schlacht von Worringen vergrößert hat. Auch diese Kirche wurde wieder vergrößert und 1394 der heiligen Maria und etlichen Nebenpatronen, darunter auch dem heilige Apollinaris geweiht.

Im Altar der Lambertuskirche werden die Reliquien des hl. Apollinaris in einem Schrein aufbewahrt.

Die Reliquien des heiligen Apollinaris

Der heilige Apollinaris war Bischof in Ravenna, einer Stadt in Italien. Der Legende nach soll er von Heiden misshandelt und auf qualvolle Weise getötet worden sein. Die Legende erzählt weiter, dass seine Reliquien zusammen mit denen der Heiligen Drei Könige nach Deutschland gebracht wurden. Als sie nun auf dem Rhein in Richtung Köln unterwegs waren, blieb das Schiff auf der Höhe der Stadt Remagen stehen und war nicht mehr zu bewegen. Erst als die Reliquien des heiligen Apollinaris in Remagen an Land gebracht wurden, fuhr das Schiff weiter. In Remagen erbeutete sie der Herzog Wilhelm I. und brachte sie 1392 in einer feierlichen Prozession nach Düsseldorf. Der Papst* persönlich sprach den Düsseldorfern nun die Reliquien zu. So wurde der heilige Apollinaris Stadtpatron von Düsseldorf.*

Kirmes-Schützenfest und der heilige Apollinaris

Jedes Jahr wird in Oberkassel auf der Rheinwiese neun Tage lang die „Größte Kirmes am Rhein“ mit etwa vier Millionen Besuchern gefeiert. Anlass dazu ist das Namensfest des Stadtpatrons Apollinaris von Ravenna und das Kirchweihfest der katholischen Kirche St. Lambertus in der Altstadt. Schon seit dem Mittelalter wurde das kirchliche Fest mit einer weltlichen Feier verbunden – das Wort Kirmes geht auf *Kirmesse* und *Kirchmesse* zurück. Die Kirmestage waren ein Jahrmarkt, auf dem man sich bei Musik und Tanz vergnügte. Hier wurde gegessen und getrunken. Händler boten ihre Waren an und Gaukler, Feuerschlucker, Wahrsager und Tanzbären zeigten ihre Künste. Verbreitet waren auch Umzüge durch die Gemeinde, Spiele und Wettkämpfe. Unter den Schützen wurde beim Vogelschießen der König ermittelt. So wird auch heute noch die Kirmes in Oberkassel vom Schützenverein St. Sebastianus ausgerichtet. Dieser Verein besteht schon seit 1316, also seit etwa 700 Jahren.

Mittelalter

„Vielen Dank für die Erklärungen“, bedankte sich Emma bei dem netten Herrn.

„Gerne!“, antwortete er. „Ich bin der Pfarrer hier.“

„Normalerweise ist der Teufel bei uns. Er ist Fachmann für das Mittelalter. Aber bei Kirchen rastet er total aus. Er wird fuchsteufelswild und will damit nichts zu tun haben“, ergänzte Emma.

„Verstehe“, sagte der Pfarrer, obwohl er sehr verwirrt guckte und bestimmt gar nichts verstand. Dann sagte er noch, dass sich der Teufel der Legende nach auch an der Lambertuskirche zu schaffen gemacht hatte. Am Turm. Aber der gedrehte Turmhelm ist wohl dadurch entstanden, dass die Dachdecker frisches, noch feuchtes Holz genommen haben, das sich beim Trocknen verdrehte.

Die drei bedankten sich beim Pfarrer, gingen weiter durch die Kirche und blieben hier und da stehen. Zum Beispiel beim Gnadenbild der heiligen Maria in der Not, das über sechshundertfünfzig Jahre alt ist, und beim alten Sakramentshaus, das bis in das Gewölbe emporragt und in dem eine geweihte Hostie aufbewahrt wird. Beim riesigen Grabmal aus schwarzem Marmor und Alabaster des Herzogs Wilhelm des Reichen im Chor blieben sie auch länger stehen. Dann verließen sie die Lambertuskirche und standen auf dem lauschigen Stiftsplatz.

Der Teufel und der Turm der Lambertuskirche

Ist der Turm der Lambertuskirche verdreht? Nicht der Turm, aber der Turmhelm. Eine alte Sage berichtet davon.
Als Martin Luther die Kirche reformierte, also erneuerte, fand er auch in Düsseldorf viele Anhänger. Bald wurde in der Lambertuskirche nicht mehr katholischer Gottesdienst gefeiert, sondern protestantischer. Darüber freute sich der Teufel, weil ihm alle Seelen zufallen würden, die vom katholischen Glauben abgefallen waren.
Doch bald schon änderte sich wieder alles und in der Lambertuskirche wurde wieder katholischer Gottesdienst gefeiert. Da bekam der Teufel einen Wutanfall und raste und tobte. „Rache!“, brüllte er. In der Nacht schwang er sich auf den Lambertusturm und riss und zerrte und ruckelte und rappelte wie ein Tobsüchtiger an der Turmspitze herum, um sie abzubrechen. Aber vergebens – das Zerstörungswerk gelang ihm nicht. Aber an der verdrehten Form des Turms kann man das Wüten des Teufels heute noch sehen.
Nach hundert Jahren befiel den Teufel noch einmal die Zerstörungswut. Der alte Pulverturm, der damals in der Nähe stand, war bis zum Rand mit dreihundert Pulverfässern gefüllt. Das gefiel dem Teufel und er ersann einen Plan. Am Abend ließ er ein dunkles Gewitter aufziehen und bald rollten die Donner heran. Dann ließ er einen krachenden Blitz in den Pulverturm einschlagen. Mit ungeheurem Getöse explodierte er und flog in die Luft. Auch die umliegenden Häuser und sogar das fürstliche Schloss bekamen ihr Teil von der schweren Explosion ab. Am schlimmsten aber waren die über hundert Toten. Nur die Lambertuskirche überstand den Angriff wie durch ein Wunder. Es waren lediglich ein paar bunte Glasfenster zersplittert. Da hatte der Teufel die Lust an seinem Zerstörungswerk in Düsseldorf verloren und hat seither nichts mehr angerichtet.

Josef Wimmer – der Retter der Lambertuskirche

Als 1815 ein Blitzschlag den Turm von St. Lambertus in Brand setzte, schlug Josef Wimmer unter Einsatz seines Lebens den brennenden Balken heraus, damit das Feuer nicht den gesamten Turm erfasste. Bei dem Rettungsmanöver hat er sich schwer verletzt. Zum Dank für seine mutige Tat bekam er auf dem Bilker Friedhof ein Ehrengrab und die kleine Gasse bei St. Lambertus wurde nach ihm benannt.

Vom Burgplatz zu Schloss Burg an der Wupper

„Was machen wir jetzt? Sind wir fertig mit dem Mittelalter?“, wollte der Heinzel wissen. Aber Emma zog nur die Schultern hoch und auch Mercur wusste es nicht. Vom Teufel war nichts zu sehen. Dann gingen sie am Radschlägerbrunnen vorbei zum Burgplatz.

Mittelalter

)ie Düsseldorfer Radschläger

Venn man von Düsseldorf spricht, denkt man auch gleich an die Düsseldorer Radschläger und fragt sich, woher diese Tradition stammt. Es gibt mehree Geschichten, die das erklären wollen. Eine davon erzählt folgendes: Iach dem Sieg bei der Schlacht von Worringen wollte Graf Adolf V. den efangen genommenen Erzbischof Siegfried von Westerburg schnell auf chloss Burg an der Wupper in den Kerker werfen. Deshalb drängte er zur ile, damit er mit seiner Truppe noch vor der Nacht den Rhein überqueren onnte. Doch die Männer waren müde und erschöpft. Viele waren schwer erwundet und humpelten nur mühsam unter Schmerzen vorwärts. Das berübte Graf Adolf. Als sie es ans andere Ufer geschafft hatten, standen dort ie Dorfjungen und bewunderten die Kämpfer und ihre Waffen. Da kam em Grafen eine Idee, um die Männer aufzumuntern. „Könnt ihr keine Kunststücke vorführen?“, rief er den Jungen zu. Sogleich begannen sie, wie die Hofnarren auf den Händen zu laufen, Purzelbäume und Räder zu schlagen. Sie liefen vor den Männern her und verbreiteten ausgelassene Fröhlichkeit.*

Der Radschlägerbrunnen auf dem Burgplatz.
Am Beckenrand steht: „Radschläger wolle mer blieve, wie jeck et de Minsche och drieve.“

Radschläger-Turnier

Seit 1937 gibt es in Düsseldorf ein Radschläger-Turnier. Die jüngeren Mädchen und Jungen (8–10 Jahre) sollen auf einer Strecke von 15 Metern und die älteren (11–12 Jahre) auf einer Strecke von 20 Metern möglichst schnell viele Räder schlagen. Es wird ein erster, zweiter und dritter Platz vergeben. Wer die Räder nicht so schnell, dafür aber perfekt schlägt, kann auch erster, zweiter oder dritter Sieger werden. Etwa 500 Kinder treffen sich zum Wettbewerb, der früher auf der Königsallee war. Mittlerweile findet er am Unteren Rheinwerft südlich der Schulstraßenbastion statt.

Radschläger-Lied:
För ne Fenning, do schlag ech et Rad,
dat wähd ech zeläwe nit satt,
on för da Fenning, do koof ech mech wat,
för ne Fenning do schlag ech et Rad.

Schon seit alten Zeiten schlagen die Düsseldorfer Kinder das Rad.

„Das ist der Schlossturm. Der ist vom Düsseldorfer Schloss übrig geblieben. Alles andere ist 1872 abgebrannt. Aber so genau weiß ich über das Schloss von früher nicht Bescheid. Das müsste der Teufel wissen. Wo ist der überhaupt?“, sagte der Heinzel.

„Weiß ich nicht“, sagte Emma. „Ich kann für eine Zeit gut auf seine Gesellschaft verzichten. Er nervt! Wenn er nicht kommt, machen wir die ‚City-Tour on foot‘ eben alleine weiter.“

„Wie bitte? Ich habe das nicht verstanden“, sagte Mercur höflich und auch der Heinzel guckte erstaunt.

„City-Tour on foot habe ich gesagt.“

„Kannste mal deutsch sprechen“, meldete sich der Heinzel gereizt.

„Stadtrundgang zu Fuß“, sagte Emma schnippisch.

Die Stimmung war nicht besonders gut. Sie wussten nicht so recht, wie es nun weitergehen sollte, als unverhofft eine Horde Kinder auf den Burgplatz zusteuerte. Es wurden immer mehr, bestimmt fünfzig oder sechzig.

„Was machen die vielen Kinder hier?“, fragte Mercur. Aber woher sollten Emma und der Heinzel das wissen?

„Ich frage mal“, sagte Emma und es dauerte eine ganze Weile, bis Emma aufgeregt zurückkam.

„Wisst ihr was! Die warten auf den Bus und fahren nach Schloss Burg an der Wupper. Das sind zwei Schulklassen aus der Grundschule in der Citadellstraße.“

„Ich kann mir jetzt gar nichts unter Schloss Burg an der Wupper vorstellen“, sagte Mercur, „was ist es denn nun, Schloss oder Burg?“

„Das ist die mächtige Stammburg der Grafen von Berg und der späteren Herzöge von Jülich-Kleve-Berg“, kam der Heinzel Emma zuvor.

„Da ist der Bus! Guckt mal, die steigen in den Bus“, rief Emma. „Ich will mitfahren. Ich will auch dahin.“ Die Kinder stiegen ein und als das vorletzte Kind auf dem Trittbrett stand, riss Emma dem Heinzel die Mütze vom Kopf, nahm den Unsichtbaren bei der Hand, zerrte ihn zum Bus und stieg mit ihm ein. Dann schloss sich die Tür und der Bus fuhr ab.

Emma setzte sich auf einen freien Zweiersitz vor der Rückbank und der unsichtbare Heinzel setzte sich neben sie und hielt den Hut auf seinem Schoß. Es sah aus, als ob der Hut in der Luft schwebte. Als Emma zum Fenster hinausschaute, sah sie, wie Mercur durch die Luft entschwand. Es dauerte nicht einmal eine halbe Sekunde, dann war auch der Flügel am Fuß nicht mehr zu sehen.

„Mercur kommt auch mit“, flüsterte sie dem Heinzel zu. In diesem Moment drehten sich zwei Kinder zu ihr um, steckten die Köpfe zusammen und tuschelten. Auch die Kinder auf der Rückbank begannen hinter vorgehaltener Hand zu reden und zu Emma hinüberzusehen. Dann fingen sie an zu kichern und Emma traf ein Stück Radiergummi am Kopf.

„Was ist denn das für ein Hut? Ist schon Karneval?“, rief ein frecher Junge und die anderen lachten.

„Nein“, antwortete Emma, „das ist der Hut vom Heinzel. Aber zurzeit ist er leider unsichtbar, weil er den Hut nicht auf dem Kopf hat.“

Die Kinder guckten dumm aus der Wäsche. Mit dieser Antwort konnten sie gar nichts anfangen, denn von einem unsichtbaren Heinzel hatten sie noch nie etwas gehört. Jetzt war eine Zeit lang Ruhe. Doch dann meldete sich wieder ein keckes Mädchen.

„Dann setz dem Heinzel doch mal den Hut auf den Kopf. Dann können wir ihn auch sehen“, sagte es, aber Emma hörte nicht hin. Dann kam wieder ein Stück Radiergummi angeflogen. „Setz dem Heinzel den Hut auf den Kopf“, schrie einer und die anderen lachten laut. Eine Lehrerin, die auf dem Sitz neben dem Busfahrer saß, stand

Mittelalter

Als das Düsseldorfer Schloss 1872 abbrannte, blieb nur der Schlossturm erhalten. Heute stellt dort das Schifffahrtsmuseum viele Objekte zur Geschichte der Rheinschifffahrt aus.

auf und blickte streng zur Rückbank. Emma ließ sich nicht beirren und sah aus dem Fenster. Aber die Kinder hörten nicht auf. Wenn sie so weitermachten, würden die Lehrerinnen merken, dass sie sich eingeschlichen hatte. Also überlegte sie sich ein Friedensangebot.

„Wenn ihr hier weiter Radau macht, gibt's Ärger. Für mich – und für euch. Wenn ihr Ruhe gebt, setze ich dem Heinzel auf Schloss Burg den Hut auf und ihr könnt ihn sehen." Die Kinder ließen sich darauf ein und es blieb ziemlich ruhig im Bus.

Nachdem sie von der Autobahn abgefahren waren, dauerte es nicht mehr lange, bis sie da waren. Der Bus hielt direkt vor der Burg und alle stiegen vor dem Grabentor aus. Emma und der Heinzel hatten es geschafft, unentdeckt mitzufahren und waren am Ziel. Jetzt fehlten nur noch Mercur – und der Teufel.

Am Grabentor vor Schloss Burg an der Wupper.

Die Burg der Grafen von Berg

Die Lehrerinnen sortierten die Kinder nach der Klassenzugehörigkeit und packten dann einen Stapel Papier aus. Emma warf vorsichtig einen Blick darauf und las: Schloss Burg – Rallye. Nun mussten alle Kinder den Mund halten und die Lehrerinnen erklärten den Rallye-Bogen. Nachdem die Jungen und Mädchen von der Rückbank die erste Eintragung gemacht hatten, umringten sie Emma. „Den Hut auf! Wir wollen den Heinzel sehen!", forderten sie. Und als der Heinzel dann vor ihnen stand, fanden sie ihn total süß und cool und bewunderten ihn. Sie stellten ihm viele Fragen und bemerkten dabei nicht, dass sich Mercur eingefunden hatte. Nachdem er sich als römischer Gott der Reisenden und Kaufleute vorgestellt hatte und alle seinen Flügelhut, die Flügel am Fuß, den Umhang, den Geldbeutel und den Heroldsstab bewundert hatten, wandten sie sich der ersten Station des Rallye-Bogens zu.

Frage: *Wir stehen am Grabentor. Früher verlief hier der Burggraben. Was befindet sich heute hier?* Das war leicht und die Kinder schrieben „Straße“ in den Bogen.
Frage: *Auf welches Hindernis stießen die Angreifer an diesem Tor?* „Fallgitter“ trugen sie ein. Nun gelangten sie zu der zweiten Station.
Frage: *Wenn ihr durch das Tor geht, gelangt ihr in einen Hof. Der Name?* „Zwingerhof“ trugen sie ein, denn das stand auf einem Schild.
Frage: *Wie heißt das Tor wenige Meter weiter?* „Zwingertor“ schrieben sie. „Voll einfach“, sagte einer und die anderen stimmten ihm zu.
Frage: *In welcher gefährlichen Lage befanden sich die Angreifer, wenn das erste Tor durch Fallgitter verschlossen war und ihnen das zweite Tor vor der Nase zugeschlagen wurde?* Das war keine einfache Frage und die Gruppe diskutierte eine Weile, bis sie sich einig waren. Dann schrieben sie: „Sie konnten von allen Seiten angegriffen werden.“

Mittelalter

Die dritte Station war schnell erledigt, denn es ging um das Gebäude, in dem sich früher die Pferdeställe befanden. Am Mitteltor hatten sie die vierte Station erreicht.
Frage: *Wann wurde die Burg zum ersten Mal in einer Urkunde erwähnt?* Antwort: 1150.
Frage: *Wann wurde die Burg zur großen Hofburg ausgebaut?* Antwort: Ab 1218.
Frage: *Wer veranlasste diese Erweiterung?* Antwort: Engelbert II. von Berg.
Frage: *Wann wurde diese Burg zum ersten Mal zerstört?* Antwort: 1648.
Frage: *Was geschah 1887?* Antwort: Wiederaufbau der Burg.

Das Reiterstandbild zeigt Engelbert II. von Berg, der von 1185 bis 1225 lebte.

Die fünfte Station war etwas kniffelig, weil die Kinder die Informationstafeln lesen mussten, um etwas herauszubekommen. Bei der sechsten Station konnten sie nun endlich durch das Tor gehen und sahen eine große Reiterfigur aus Bronze. Natürlich lautete die erste Aufgabe der Station: *Wer ist als Reiter dargestellt?* Antwort: Engelbert II. von Berg. Auch die anderen Fragen bekamen sie schnell heraus. Engelbert lebte von 1185 bis 1225 und wurde nur vierzig Jahre alt. Er war Erzbischof* von Köln und Reichsverweser, also der Vertreter des Königs. Sein Denkmal stand genau vor einem wichtigen Teil der Burg: vor dem Palas* mit dem Rittersaal.

Das Standbild im Innenhof an der Treppe stellt Adolf II. als Krieger dar. Weil er die Grausamkeiten des Krieges nicht mehr aushalten konnte, trat er um 1150 in das Kloster Altenberg ein. Noch vor seinem Tod übertrug er seinem Sohn Adolf III. die Burg und das Land.

Dann gingen sie zum Haupttor, dem Eingang zum inneren Burghof, an dem der Museumseintritt bezahlt werden musste, und warteten auf die anderen. Hier stand der Teufel. Er hatte auf dem Burgplatz in Düsseldorf aus einem sicheren Versteck heraus alles beobachtet und sich rubbeldiekatz nach Schloss Burg aufgemacht.

Die Kinder betrachteten ihn misstrauisch von unten bis oben und blieben in gehöriger Entfernung. Emma stellte ihn als Spezialisten für das Mittelalter vor, aber das beeindruckte die Kinder nicht sonderlich. Sie guckten auf seinen Pferdefuß und im nächsten Moment donnerte er damit so laut auf den Boden, dass sich alle fürchterlich erschraken. Dann ließ er mit der einen Hand den Schwanz kreisen und mit der anderen packte er an seine Hörner und begann hämisch zu lachen. Dann ließ er noch seinen Teufelsfurz los. Die Kinder wichen zurück und hielten sich die Nase zu. Sie waren erleichtert, als sie die Stimmen ihrer Lehrerinnen hörten. Nun ging es in den inneren Burghof und von dort zur Besichtigung der Burg.

links: Am Pranger im inneren Burghof.

rechts: Modell der Burganlage.

Mord im Mittelalter – Engelbert II.

Engelbert II. war mit seinen vierzig Jahren ein mächtiger Mann im Deutschen Reich. Er war Erzbischof* von Köln und Reichskanzler, der Vertreter von Kaiser Friedrich II. Natürlich hatte er auch Feinde, die ihn ieber tot als lebendig gesehen hätten. Zu ihnen zählte auch seine Familie. Sie verzieh ihm nicht, dass er sich die Herrschaft über Berg nach dem Tode seines Bruders mit Gewalt genommen hatte, statt sie vor Gericht zu erstreiten.

Mittelalter

Am 7. November 1225 traf Engelbert seinen Vetter, Graf Friedrich von Isenberg, in Soest zu Verhandlungen, um einen Streit beizulegen. Aber sie konnten sich nicht einigen und Engelbert ritt unverrichteter Dinge zurück nach Köln. Am Ausgang des Gevelsberges musste er auf einem Weg entlang reiten, der zwischen zwei steilen Felsen tief eingeschnitten war. Diesen Hohlweg hatten sich die Mannen seines Vetters Friedrich von Isenberg ausgesucht, um ihn zu überfallen, denn eine Flucht war hier unmöglich. Gut getarnt hinter Bäumen und Büschen lauerten sie Engelbert auf und als sie den gellenden Pfiff ihres Anführers hörten, stürmten sie aus ihren Verstecken. Engelbert erkannte die Situation sofort, gab seinem Pferd die Sporen und versuchte nach vorne zu entkommen. Aber einem Verfolger gelang es, ihn einzuholen und vom Pferd zu reißen. Engelbert wollte zu Fuß flüchten, aber die anderen waren nun herangekommen und stürzten sich auf ihn. Weil er sich heftig wehrte, hieben und stachen sie wie Wahnsinnige auf ihn ein. Sie ließen erst von ihm ab, als er sich nicht mehr rührte. Dann ließen sie ihn liegen und flüchteten.

Der Überfall auf Engelbert II. am 7. November 1225 in einem zwischen zwei Felsen tief eingeschnittenen Weg am Gevelsberg. Gemälde des Kunstmalers Claus Meyer im Rittersaal von Schloss Burg.

Spät in der Nacht holte Engelberts Begleitmannschaft seine Leiche ab, um sie nach Schloss Burg zu bringen. Aber der Einlass wurde ihnen verwehrt. Der Bruder Engelberts hatte die Burg bereits in Besitz genommen und die Zugbrücke hochgezogen. Nun brachte man die Leiche nach Köln. Hier wurde das Fleisch von den Knochen gelöst und im Turm des alten Domes beigesetzt. Die Knochen bettete man als Beweis bei der Klageerhebung in einen Schrein. Das Herz legte man in ein Schaugefäß, das man im Kloster Altenberg aufbewahrte. Über den grausamen Mord weiß man deshalb genau Bescheid, weil der Mönch Caesarius von Heisterbach das Geschehen kurz nach der Ermordung Engelberts aufgeschrieben hat. Er berichtet auch, dass die Mörder mit den grausamsten Strafen des Mittelalters belegt wurden. Man band ihnen die

Der Leichnam Engelberts wird zu Schloss Burg gebracht. Aber die Getreuen erhalten keinen Einlass. Wandgemälde im Rittersaal von Schloss Burg von Claus Meyer.

Füße an den Pferden fest und schleifte sie durch die Stadt, zerschlug ihnen mit dem Beil alle Glieder und spannte sie auf das Rad. Auch der Anführer der Verschwörung, Friedrich von Isenberg, wurde schnell ergriffen und „mit großer Schmach auf dem Rad grässlich gefoltert, bis er tot war". Bis heute ist es ein Rätsel, ob der Mord an Engelbert geplant war, oder ob man ihn ursprünglich nur gefangen nehmen wollte.

Im Jahr 1978 wurden die Gebeine Engelberts von der Gerichtsmedizin genauestens untersucht. Die Mediziner stellten millimetergenau über fünfzig Verletzungen durch Schwerthiebe und -stiche fest.

Der Schrein mit den Gebeinen des Erzbischofs Engelbert I. von Köln in der Schatzkammer des Kölner Domes. Als Graf von Berg war er der zweite mit diesem Namen.

Blick in den Burghof.

Besichtigung von Schloss Burg

Im Burghof stürzten alle sofort auf den kleinen Hügel mit den nachgebauten Foltergeräten. Huh, ganz schön gruselig sahen die aus. Doch die Führerin Frau Mückefuck stand schon im Burghof und wartete. Am Bronzedenkmal Adolfs II. vorbei ging es nun die Treppe hoch zur Burgbesichtigung.

„Wir machen jetzt eine Reise in die Vergangenheit, ins Mittelalter", begann sie.

Die erste Station war der Rittersaal im Palas*, fünfundzwanzig Meter lang und dreizehn Meter breit. Solch einen beeindruckenden Saal konnten sich nur wenige adelige Burgherren leisten.

In den Nischen der gotischen Spitzbogenfenster im Rittersaal darf man Platz nehmen. In den bleiverglasten Fenstern sind Wappen bergischer Städte eingelassen.*

„Kommt, wir ruhen uns mal aus", sagte der Heinzel und setzte sich auf die Bank in einer Fensternische.

„Jetzt ist keine Zeit zum Ausruhen! Was meinst du, was wir noch alles vor uns haben. Wir müssen jetzt in den Ahnensaal, die Kemenate, in die Schlosskapelle, zu Rüstungen und Waffen, ins Jagdzimmer, in die Abteilung Burgkultur, Wohnkultur ... und was ich jetzt noch alles vergessen habe", fauchte der Teufel den Heinzel an.

„Mach ich sowieso nicht. Ist mir sowieso zu viel", antwortete er.

„Dann willst du vielleicht auch gar nicht die originalen Sachen aus dem Mittelalter sehen und die Wehrgänge entlanglaufen und nicht auf den Bergfried und nicht in das Verließ, was? Was willst du denn überhaupt hier? Du wärst mal besser in Düsseldorf geblieben", schnauzte der Teufel den Heinzel an.

„Hör auf, den Heinzel anzuschnauzen. Der hat dir nichts getan", mischte Emma sich ein. Beleidigt rannte der Teufel durch den Ahnensaal der Grafen von Berg hinüber in die Kemenate. Das war der einzige Raum auf der Burg, der geheizt werden konnte. Bald war er an der Schlosskapelle vorüber im Treppenhaus verschwunden und beschäftigte sich im Obergeschoss mit Waffen aller Art, Rüstungen, Helmen und sonstigem kriegerischen Zubehör. Mercur war ihm gefolgt und die beiden vertieften sich in ein Gespräch über die unterschiedliche Kriegsführung und Kampfesweise in römischer und mittelalterlicher Zeit. In Raum 9 war das Zinnfigurenmodell ausgestellt, das die Schlacht bei Worringen zeigt.

Das Leben auf der Burg.

„Das ist fantastisch. Hier kann man genau sehen, wie die Streithähne mit ihren Verbündeten Aufstellung genommen haben", begeisterte sich Mercur.

„Da hinten beim Fahnenwagen ist der Erzbischof*. Hier vorne sind die bergischen Bauern und da hinten die Kölner Truppen." Der Teufel kannte sich aus und redete wie ein Wasserfall auf Mercur ein. Nun kamen auch Emma und der Heinzel und hörten zu.

Zinnfiguren aus dem Zinnfigurenmodell „Die Schlacht bei Worringen".

Aber als die Kinder den Raum 9 stürmten, beendete der Teufel seine Erklärungen sofort und ging zum Angriff über. Er hatte sich sowieso schon über die Kinder geärgert. Nun trat er hier einem Mädchen auf den Fuß und stieß dort einen Jungen mit den Hörnern, wuselte mit seiner Schwanzquaste in den Gesichtern der Kinder herum und bohrte ihnen seine Teufelsfinger in die Ohren. Die Kinder empörten sich und beschuldigten sich gegenseitig. Sie wurden so unruhig und streitbar, dass bald keine geordnete Besichtigung mehr möglich war. Die Lehrerinnen regten sich auf und schimpften. „Habt ihr denn den Teufel im Leib?", riefen sie.

Nun verdrückte sich der Teufel, und Mercur, Emma und der Heinzel folgten ihm. Sie trotteten auf den Wehrgängen hinter ihm her, aber als er auf den Bergfried steigen wollte, hielt Mercur ihn fest.

„Du bleibst hier und gehst keinen Schritt weiter nach oben", sagte er. „Du weißt schon warum." So sehr der Teufel auch zerrte, zog und jammerte, Mercur hielt ihn fest im Griff. „Mit Höhenangst geht man nicht auf einen Bergfried. Wann begreifst du das endlich."

Bald waren Emma und der Heinzel auch wieder bei ihnen, nachdem sie von oben die Aussicht auf die bewaldeten Hügel des Bergischen Landes und die Wupper ausgiebig betrachtet hatten.

„Jetzt gehen wir unten in den Bergfried hinein. Da ist das Verließ. Los, bevor diese blöden frechen Kinder wieder alles belagern und versperren", kommandierte der Teufel und rannte los.

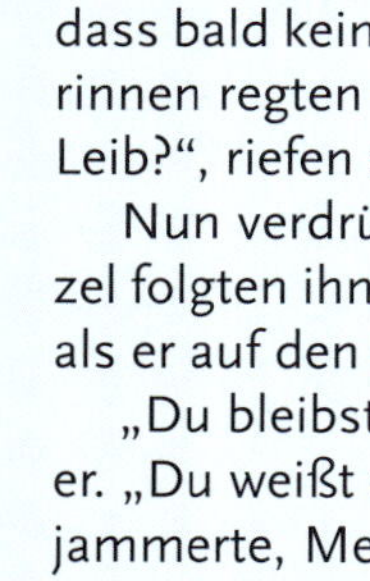

Im Verließ war es stockdunkel. Es dauerte eine Weile, bis alle sich an die Dunkelheit gewöhnt hatten und sahen, was sich da abspielte. Hinter dem Eisengitter hing ein Käfig von der Decke herab. Und darin war ein Skelett.

Der Bergfried.

Im Verließ.

„Tod durch Verhungern! So war das damals", stellte der Teufel fest. „Schlimmer als der Galgen oder das Rad oder die anderen fürchterlichen Todesstrafen."

„Das ist doch unmenschlich", murmelte der Heinzel.

„Als der Erzbischof* Siegfried von Westerburg die Schlacht bei Worringen verloren hatte, wurde er dreizehn Monate hier in der Burg gefangen gehalten", sagte der Teufel. „In einem dunklen, feuchten Kerkerraum, so wird es berichtet. Er hatte Hunger gelitten und als er frei gelassen wurde, war er ein schwerkranker Mann, der nicht mehr lange gelebt hat. Und er musste Schulden machen, denn nur gegen die Zahlung von zwölftausend Silberpfennigen ließ man ihn frei, das war damals ein ungeheures Vermögen."

Abschied von Schloss Burg.

In einer anderen Ecke hockte eine Gestalt auf dem Fußboden im Stroh, aber bevor der Teufel noch etwas dazu sagen konnte, schrie der Heinzel auf und rannte zur Tür. Emma lief automatisch hinterher.

„Was war los?", wollte der Teufel wissen.

„Eine Mäusefamilie ist durch das Stroh gehuscht", klärte ihn Mercur auf. Damit war die Besichtigung des Burgverlieses beendet.

„Wir treffen uns am Burgplatz in Düsseldorf wieder", rief der Teufel noch und war rubbeldiekatz verschwunden und auch Mercur entschwebte.

Emma und der Heinzel warteten auf die Schulklassen, die sich noch bei der Seilbahnstation aufhielten. „Dürfen wir mitfahren?", fragten sie dann die Lehrerinnen. Sie hatten nichts dagegen und es wurde eine fröhliche Rückfahrt.

Vom Dorf an der Düssel zur Hauptstadt des Herzogtums Jülich-Kleve-Berg

„Du könntest jetzt mal ein bisschen Gas geben und erzählen, wie es mit diesem öden Dorf an der Düssel weiterging. Jetzt stehen wir schon wieder hier auf dem Burgplatz beim Schlossturm herum. Aber du musst ja nicht weiter machen. Ich kann sofort loslegen und von dieser wunderbaren neuen Zeit berichten, als Düsseldorf Haupt- und Residenzstadt* eines großen Gebietes am Niederrhein wurde. Das ist interessant, davon kann man viel erzählen. Da hat sich endlich mal was bewegt hier, da hat sich was verändert und ...“ Der Heinzel war sehr übermütig und tänzelte vor dem Teufel hin und her und benahm sich sehr herausfordernd.

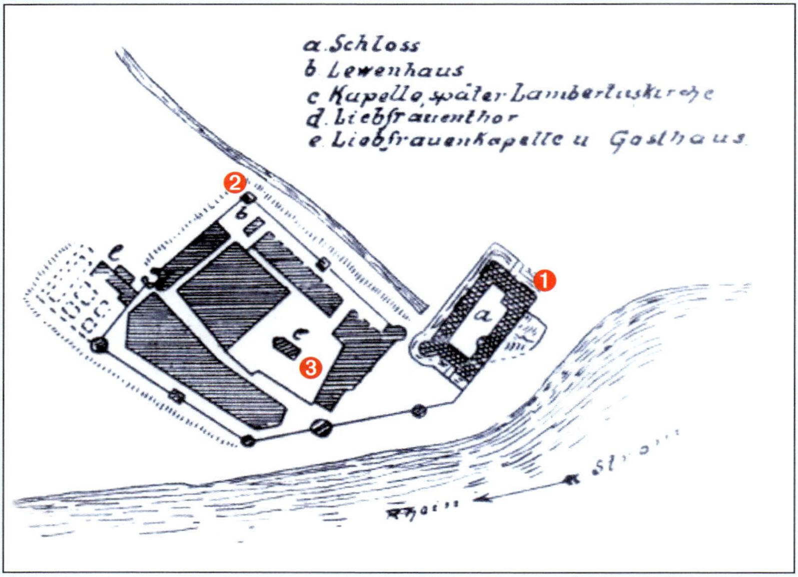

Düsseldorf um 1300.
1 Schloss
2 Lewenhaus
3 Vorläufer der Lambertuskirche

„Hör auf und halt den Mund!“, entgegnete der Teufel entschieden. „Deine Zeit kommt früher, als du denkst. Mit der Stadt Düsseldorf war wirklich nicht viel los, muss ich zugeben. Die Stadt war keine vier Hektar groß und hatte nur eine Schutzmauer aus Holz und Erde, die vielleicht achthundert Meter lang war.“

„Das ist ja lächerlich! Das ist ja nicht der Rede Wert. So etwas kann man doch nicht Stadt nennen. Das ist so viel wie etwa fünf Fußballfelder. Kann man sich ungefähr ausrechnen, wie viele Menschen dann in dem Dorf gelebt haben. Ich schätze so etwa zwei- bis dreihundert“, bemerkte der Heinzel gelangweilt und etwas hochnäsig.

Der Teufel war ziemlich sauer, weil der Heinzel sich so eingebildet benahm.

„Mehr! Einhundert Einwohner mehr“, unterbrach der ihn rüde und fuhr dann fort: „Na ja! Es gab zwei Straßen. Die Krämerstraße und die Straße ‚Alte Stadt‘. Und zwei Steinbauten. Das eine war das Lewenhaus in der Liefergasse und das andere eine Kirche. Pfui Teufel! Düsseldorf war halt eben immer noch ein Dorf an der Düssel. Auch noch hundert Jahre nach der Stadterhebung.

Ehrlich gesagt, weiß auch niemand genau, wie es hier aussah. Immerhin gab es schon einen Bürgermeister und einen Stadtrat. Erst unter dem Herzog Wilhelm I. von Berg ging es bergauf. Er erweiterte das Stadtgebiet zuerst 1384 und zehn Jahre später noch einmal.

Es wurde gesagt, Wilhelm hat Düsseldorf zum zweiten Mal gegründet. Doch dann änderte sich alles – der eigene Sohn Adolf empörte sich gegen den Vater Wilhelm. Er wiegelte Ritter und Städte gegen Wilhelm auf. Auch Düsseldorf zog er auf seine Seite, weil er ihnen Versprechungen gemacht hat.“

„Das ist gemein“, sagte Emma. „So was tut man nicht!“

„Das ist Politik*“, sagte Mercur. „Es geht um Macht und Einfluss. Da sind alle Mittel recht.“

„Und was hat Adolf den Düsseldorfern versprochen?“, wollte der Heinzel wissen.

„Na was schon. Geld natürlich. Sie durften Steuern auf Nahrungsmittel und andere Waren erheben. Dann hat er kaltblütig das Schloss seines Vaters geplündert und verwüstet. Der alte Herzog hatte keine Verbündeten, niemand hielt zu ihm. Er hatte keine Macht und keinen Einfluss mehr. Enttäuscht und verbittert ist er 1408 gestorben.“

Das Lewenhaus in der Liefergasse gilt als das älteste Haus in der Altstadt von Düsseldorf. Es soll schon vor 1288 bestanden haben.

Die Verlobung der Herzogskinder Maria von Jülich-Berg und Johann, Jungherzog von Kleve. Wandgemälde im Rittersal von Schloss Burg.

„Hat Adolf denn Wort gehalten mit dem Geld?“, wollte Emma wissen.

„Quatsch. Wer glaubt denn, dass Herrscher Wort halten. Herrscher sind vergesslich. Nach ihm wurde sein Neffe Gerhard II. Herzog von Berg, der 1416 oder 1417 geboren wurde und 1475 gestorben ist. Er interessierte sich für Düsseldorf und erfüllte den Bürgern der Stadt viele Wünsche, zum Beispiel das Recht auf Zollfreiheit und die Rheinschifffahrt. Aber Gerhard hatte auch Sorgen, weil er keinen Erben hatte. Er war kinderlos. Was sollte nach ihm aus dem Herzogtum Berg werden? Er hatte schon Pläne geschmiedet, als die Herzogin 1451 völlig unerwartet den Nachfolger Wilhelm zur Welt brachte. Mit ihm war das Herzogtum gerettet. Als Wilhelm Herzog war, verbündete er sich mit dem Herzog von Kleve. Sie verstanden sich gut und wollten sogar ihre Kinder miteinander verheiraten. Aber zuerst wurden Maria von Jülich-Berg und Johann, Jungherzog von Kleve, verlobt. Als sie sich 1496 die Ehe versprachen, war Maria fünf Jahre alt und hatte ihr Püppchen fest im Arm und Johann war sechs Jahre alt und hatte das Holzschwert in der Hand …“

„Moment mal!“, rief Emma. „Das geht doch nicht. Das waren doch noch kleine Kinder.“

„Ja und?“, sagte der Teufel. „Das war doch gut. Sie hatten nichts zu sagen und die Väter konnten schon frühzeitig die politisch richtigen Entscheidungen treffen.“

„Aber wenn sie sich später gar nicht leiden konnten und sich nicht lieb hatten?“, warf der Heinzel verzweifelt ein.

„Ja und? Das war früher so. Man musste seine Herrschaftsgebiete erhalten und vergrößern. Es ging um Macht und Einfluss. Da hatte die Liebe zurückzustehen. Tsss..., Liebe. So was Blödes. So was Unnützes!", entgegnete der Teufel barsch.

„Aber das ist doch unromantisch. Bevor man heiratet, muss man doch verliebt sein", beharrte der Heinzel.

„Tsss!", wiederholte der Teufel. Mercur schob die Augenbraue hoch und sagte: „Auch unsere römischen Herrscher heirateten aus politischen Gründen und nicht aus Liebe."

„Wenn ich überhaupt jemals heirate, dann nur aus Liebe. Was anderes kommt für mich überhaupt nicht in Frage", sagte Emma.

Unter der Herrschaft Herzog Wilhelms des Reichen wurde Düsseldorf allmählich zu einem Hauptsitz der landesherrlichen Verwaltung.

„Schluss jetzt mit dem Gequatsche über Liebe", bestimmte der Teufel. „Bei der Heirat gab es ganz andere Probleme. Durch die Hochzeit von Maria und Johann würde ein gewaltiges Herrschaftsgebiet entstehen. Deshalb brauchten sie die Einwilligung des Deutschen Kaisers."

„Hat er eingewilligt?", wollte Emma wissen

„Ja. Im Jahr 1509. Da war Maria achtzehn Jahre alt und Johann neunzehn. Ein Jahr später haben sie geheiratet. Johann III. wurde ein bedeutender Landesfürst. Er wurde auch ‚der Friedfertige' genannt.

Sein Nachfolger war sein Sohn Wilhelm, genannt der Reiche. Zu seiner Zeit wurde Düsseldorf völlig umgekrempelt. Die Stadt wurde zur Resi... – Schluss jetzt. Ich sage kein Wort mehr. Ich bin fertig. Meine Zeit ist zu Ende. War wenig genug, was ich zum Mittelalter sagen konnte. Da habe ich in anderen Städten mehr zu tun. Jetzt ist der Heinzel dran. Hoffentlich kann dieser Furzknoten über bessere Zeiten berichten."

„Macht nichts", sagte Emma. „War trotzdem aufschlussreich."

„Nun ja", äußerte Mercur sich nach langem Schweigen, „die mittelalterliche Geschichte der Stadt ist wirklich nicht überwältigend interessant und spannend. Es fehlt, es fehlt ... wie soll ich sagen, es fehlt der Geist der Antike. Es fehlen eben die römischen Wurzeln ..."

„Äähh?", machte der Teufel, kratzte sich am Kopf, bohrte in den Zähnen seines Teufelsmauls herum und spuckte mal wieder auf den Boden.

Die Neuzeit

Das Modell im Düsseldorfer Stadtmuseum zeigt das Schloss im Jahr 1585.

Nach dem Schlossbrand von 1872 blieb nur eine Ruine stehen, die bis auf den Turm abgerissen wurde.

Das ehemalige kurfürstl. Schloß in Düsseldorf, aufgenommen kurz nach dem Brande von 1872.
Phot. Jean Esser, Düsseldorf.

Mit dem Heinzel in die Neuzeit

Residenzstadt Düsseldorf

„Ich werde euch jetzt mal mit der fürstlichen Residenzstadt* Düsseldorf bekannt machen. Da gehen euch die Augen über. Ihr werdet sprachlos vor Neid, wenn ihr hört, wie es hier zuging. Re – si – denz! Das muss man sich mal auf der Zunge zergehen lassen. Und zwar Haupt – re – si – denz der vereinigten Herzogtümer Jülich, Kleve und Berg. Das war ein Aufschwung für Düsseldorf. Jetzt wurde gebaut und verschönert. Das Schloss war in einem erbärmlichen Zustand. Zweimal hatte es fürchterlich gebrannt und vieles war ein Raub der Flammen geworden. Es musste wieder hergestellt und umgebaut werden, damit eine prunkvolle Schlossanlage entstehen konnte.

Stadtansicht mit Schloss um 1600.

Das Düsseldorfer Schloss – ein Leckerbissen für Feuerteufel

Mit dem Bau des Düsseldorfer Schlosses wurde vermutlich 1324 begonnen. 1492 brach zum ersten Mal ein Feuer aus. Nachdem es wieder hergestellt war, schlug der Feuerteufel 1510 erneut zu und zerstörte es. Als Düsseldorf die Hauptstadt der vereinigten Herzogtümer von Jülich, Kleve, Mark und Berg geworden war, sollte das Schloss herrschaftlich ausgebaut werden. Wilhelm der Reiche holte den italienischen Baumeister Alessandro Pasqualini nach Düsseldorf. Nach seinen Plänen entstand ein Schloss mit drei Flügeln. Zum Rheinufer hin hatte es drei Geschosse und die Seiten wurden von Türmen eingegrenzt.

Als der beliebte Kurfürst Jan Wellem 1679 die Herrschaft in Düsseldorf übernahm, war das Schloss ziemlich baufällig. Italienische Architekten entwarfen nun Pläne, nach denen das Schloss im neuen Barockstil* um- und ausgebaut werden sollte. Für die Hofhaltung von Jan Wellem waren etliche Anbauten nötig: ein Backhaus, ein Brauhaus, ein Pferdestall und eine Reitschule, ein Ballhaus und ein Theater. Nun wurde das Düsseldorfer Schloss zu einer prächtigen Residenz*. Als Jan Wellem gestorben war, verfielen die Schlossanlagen, weil seine Nachfolger nicht mehr in Düsseldorf residierten und sich nicht darum kümmerten.

1794 schlug der Feuerteufel wieder zu. Bei Kämpfen mit den französischen Revolutionstruppen wurde das Schloss in Brand geschossen. Nun waren große Teile zerstört und erst nach 50 Jahren ging man an den Wiederaufbau.
Der preußische König Friedrich Wilhelm IV. war dabei, als der Grundstein für den Wiederaufbau gelegt wurde. Aber alle Mühe war umsonst. Im März 1872 schlug der Feuerteufel zum vierten Mal zu und zerstörte das Schloss mit allen Bauten endgültig. Nur der Turm blieb übrig. Die Ruinen standen noch eine Zeit lang wie ein Mahnmal in der Stadt, dann wurden sie abgerissen und nur der Schlossturm stehen gelassen.
Im Düsseldorfer Stadtmuseum ist das Schloss noch zu sehen, allerdings nur in Modellen.

August von Wille malte 1972 den Brand des Schlosses, der zu seiner Zerstörung führte.

Das Grabmal Wilhelms des Reichen in der Lambertuskirche.

Während Wilhelm der Reiche regierte, waren die Zeiten unruhig. Wohin man blickte, Unruhen und kriegerische Auseinandersetzungen, blutrünstige Feldzüge, Verwüstungen und verbrannte Felder. Man stritt auch um den neuen protestantischen Glauben. Die einen waren dafür, die anderen wollten lieber katholisch bleiben und waren dagegen. Dann wütete mehrmals die Pest. Und gerade in diesen unruhigen Zeiten fand in Düsseldorf eine der prunkvollsten Hochzeiten statt, die das Land je gesehen hatte. Die Vermählung Johann Wilhelms, Sohn Wilhelms des Reichen, mit Jakobe von Baden.“ Und schon begann der Heinzel zu schwärmen.

łochzeit im Schloss – und ein geheimnisvoller Tod

Die Vorbereitungen im Schloss liefen auf Hochtouren, denn die Hochzeit von ohann Wilhelm mit Jakobe von Baden war auf den 20. Januar 1585 festgelegt. Im Herzogtum Jülich-Kleve-Berg herrschte zwar Aufruhr und Krieg, aber die Hochzeit sollte trotzdem stattfinden. Weil Gesandte des Kaisers, des Königs von Spanien und fast alle deutschen Fürsten auf der Gästeliste standen, musste der Herzog zeigen, dass er seinen Namen „der Reiche“ zu Recht trug. Nun wurde das Schloss hergerichtet und hier ein Anbau und dort eine Reparatur gemacht, bis es im Glanz erstrahlte.

Damit der Hofstaat, immerhin fünfzig Personen, etwas hermachte, wurden Jnmengen teurer Stoffe für neue Livreen* eingekauft. Für die fürstliche Familie wurde Samt und Seide beschafft, dazu noch kostbarer Brokat, ein Seidengewebe, das mit Goldfäden durchwirkt ist. Aus anderen Schlössern eh man sich Teppiche, Betten, Gardinen und Silbergeschirr. Weil man mit len Vorbereitungen nicht fertig wurde, wurde der Hochzeitstermin auf den 4. Februar verschoben und dann nochmals auf den 16. Juni.

Schon Tage vorher waren die Gäste mit ihrem Gefolge angereist, insgesamt ausendfünfhundert Personen. Auch Johann Wilhelms Schwester Anna reiste nit ihrem Gatten, den drei Kindern und der Schwägerin an. Sie brachte chon allein sechsunddreißig Adelige in zwölf Wagen mit sechsundvierzig Wagenpferden und sechsundachtzig Reitpferden mit.

Endlich war der große Tag da. Die Braut wurde m Schiff mit einem Wagen abgeholt. Der Bräutigam ritt ihr entgegen und gemeinsam ogen sie nach Düsseldorf. Schon vor dem Berer Tor jubelten die Menschen ihnen zu. Dann ıhren die Brautleute ins Schloss. Am Hochzeitstag wurde die Braut von zwölf Rittern, rompetern und Heerpaukern aus ihrem Zimner abgeholt. Sie trug ein silbernes Kleid mit oldenen Borten und eine goldene Krone. Ihr ruder und ihr Schwager führten sie und hinter ır schritten adelige Frauen und Mädchen in veißen und silbernen Kleidern. Der Bräutigam ug eine Samtjacke, die über und über mit erlen bestickt war. In der prächtig geschmückten Hofkapelle wurde das aar nun getraut. Jakobe bekam einen Ring an einen ihrer Finger gesteckt nd Johann Wilhelm einen Kranz mit Diamanten und Rubinen auf das łaupt gesetzt. Das Hochzeitsfest dauerte sieben Tage lang und die Gäste ergnügten sich bei Turnierkämpfen und bei Theateraufführungen.

Hochzeit der Jakobe von Baden im Jahr 1585.

Jakobe, Herzogin von Jülich, Kleve und Berg und Markgräfin von Baden.

Höhepunkt war das Feuerwerk am Abend, das von Schiffen aus ge zündet wurde. So etwas Großartiges hatte Düsseldorf noch nich erlebt. Nach der Hochzeit war die schöne Zeit für die lebenslu ge Jakobe allerdings vorüber. Mit ihrer Schwägerin Sibylle ve stand sie sich überhaupt nicht und dann wurde noch ihr Ma krank und unfähig zu regieren. Er griff Diener an, spielte mit Waffen und brennenden Fackeln herum und wollte das Schl anzünden. Es blieb nichts anderes übrig, als ihn einzusperren und Tag und Nacht zu bewachen. Seine Geisteskrankheit, bei er in Raserei verfiel, war zu gefährlich. Jakobe versuchte nun, sich am Hofe alleine zu behaupten und auch in der Politik* mitzubestin men. Aber jeder Schritt von ihr wurde argwöhnisch verfolgt. Alles wurde ih zum Nachteil ausgelegt und üble Gerüchte geisterten durch das Schloss. S bille, mit der sie mittlerweile bis aufs Blut verfeindet war, und ihre Vertraut warfen ihr Liebschaften vor und beschimpften sie als Hexe, die ihren eigene Mann verhext und in den Wahnsinn getrieben hat. Man warf ihr hundert V fehlungen vor, die in einer Liste zusammengestellt waren. Deshalb sperrte man sie zwei Jahre in demselben Zimmer ein, in dem schon ihr Ehemann ihr drei Jahre gefangen gehalten worden war. Die Wachen vor der Türe ma ten jeden Kontakt unmöglich. Eines Morgens, man schrieb den 3. Septemb 1597, fand man Jakobe tot im Bett, obwohl sie tags zuvor noch völlig gesu war. Ihr Tod war ein Rätsel. Man tuschelte, dass sie erdrosselt worden war. Um den Mord zu vertuschen, wurde Jakobe schnell in der Kreuzherrenkirc begraben. Später wurde sie in die Lambertuskirche umgebettet.
Die Sage erzählt, dass Jakobe so lange als Gespenst im Schlossturm spukt und umhergeistert, bis ihre Mörder gefunden sind. Erst dann kann sie die e ge Ruhe finden.

Schiffsfeuerwerk auf dem Rhein anlässlich der Fürstenhochzeit 1585.

Der Herzog Johann Wilhelm wurde nac dem Tod von Jakobe zum zweiten Mal ve heiratet. Aber auch seine zweite Frau schenkte ihm keine Nachkommen.

„Hier im Schlossturm soll Jakobe rumspuken? Hier im Schifffahrtsmuseum?", fragte Emma ungläubig den Heinzel.

„Ja. Wo denn sonst? Vom Schloss ist doch nicht mehr übrig geblieben als dieser Turm", antwortete der Heinzel. „Jetzt kann sie zwischen der Luxus-Leibyacht Johann Wilhelms von der Pfalz und den anderen Schiffsmodellen herumgeistern. Es wird auch gesagt, dass sie in Vollmondnächten mit dem Kopf unter dem Arm und langer, rauschender Schleppe herumgeistert."

„Wer ist Johann Wilhelm von der Pfalz?", wollte Mercur wissen.

„Das ist Jan Wellem. Den kennt hier jeder", antwortete der Heinzel. „Sollen wir ihn mal besuchen?"

Emma, der Teufel und auch Mercur waren dafür, denn sie hatten nun wirklich lange genug Zeit auf dem Burgplatz verbracht.

Vom Burgplatz zum Marktplatz

Der Weg vom Schlossplatz zum Marktplatz war kurz.

„Es geht weiter! City-tour on foot", sagte Emma fröhlich und lachte. Auch Mercur und der Heinzel waren froh, vom Fleck zu kommen.

„Was ist das?", schrie der Teufel „Tizy-foor on toot? Kenn ich nicht."

Da lachten die anderen. Das machte den Teufel fuchsteufelswütend. Er blieb stehen, trampelte mal wieder mit seinem Pferdefuß auf dem Kopfsteinpflaster herum, spuckte auf den Boden, wurde knallrot im Teufelsgesicht und schrie immer wieder „Tizy-foor on toot – ich will wissen, was das ist."

Den anderen blieb das Lachen im Halse stecken. Die Leute auf der Straße blieben stehen und glotzten verdutzt den wütenden Teufel an. Ein Junge zog an der Hand seiner Mutter und wollte wissen, warum der Teufel tobt. Aber die Mutter konnte dem erstaunten Kind keine Antwort geben. Emma war die ganze Situation peinlich. Sie riss dem Heinzel den Hut vom Kopf und Mercur erhob sich ganz, ganz sachte, wie in Zeitlupe, in die Luft. Nun standen nur noch Emma und der Teufel da. Als der Teufel sich langsam beruhigte, gingen die Leute weiter ihrer Wege. Nur der Junge sah sich noch ein paar Male um, doch die Mutter zog ihn an der Hand weiter in Richtung Marktplatz und dann bogen sie in die Bolkerstraße ab.

Johann Wilhelm, genannt Jan Wellem – ein absolutistischer Kurfürst

Emma setzte dem Heinzel den Hut wieder auf. Den Teufel packte sie fest am Arm und schob ihn in Richtung Rathaus.

„Emma, sag mir doch bitte, was ‚tizy-foor on toot' bedeutet", bettelte der Teufel jetzt kleinlaut.

„Stadtrundgang zu Fuß. Aber es heißt ‚city-tour on foot'. Und jetzt ist das Thema beendet!"

Das mächtige Standbild ist das Werk von Gabriel de Grupello. Jan Wellem hat dieses Standbild schon zu seinen Lebzeiten in Auftrag gegeben. Er glaubte wohl nicht daran, dass die Düsseldorfer ihm nach seinem Tod ein Denkmal setzen.

Bald standen sie vor dem Reiterstandbild beim Rathaus. Auch Mercur war gelandet.

„Früher stand das Pferd mit dem Reiter nicht so hoch. Da konnte man den Kopf von Jan Wellem besser sehen. Guckt euch mal seinen Hut an. Das ist ein Kurhut", begann der Heinzel.

„Äh?", sagte der Teufel und hielt sich die Hand an die Stirn, weil die Sonne ihn blendete. „Ja, ja! Kurhüte. Kenne ich. Purpurrote Kappe mit weißem Hermelinpelz am Rand. Durften nur die Kurfürsten* tragen. Es gab nur sieben Kurfürsten im ganzen Deutschen Reich. Und diese sieben wählten den König."

„Eben", fiel der Heinzel ihm ins Wort. „Und einer dieser sieben war ‚onse Jan Wellem', unser geliebter Landesherr, Kurfürst von der Pfalz und Herzog von Jülich-Berg! Guckt mal, wie er da oben sitzt. Mächtig und massig und selbstbewusst, mit seiner Körperfülle und der Perücke mit den langen Locken – eben ein richtiger Herrscher des Absolutismus*."

Der Kurfürst Johann Wilhelm, genannt Jan Wellem

Jan Wellem wurde am 19. April 1658 im Düsseldorfer Stadtschloss geboren. Seine Eltern waren der Kurfürst* Philipp Wilhelm und Elisabeth Amalie. Jan Wellem hatte schon drei Schwestern, als er auf die Welt kam. Nach ihm wurden noch acht Brüder und fünf Schwestern geboren, so dass er mit 16 Geschwistern aufwuchs. Er wurde katholisch erzogen und auf die Aufgaben als Landesherr vorbereitet. Mit 16 Jahren besuchte er die Höfe Europas und wurde von König Ludwig XIV. von Frankreich, vom englischen König Karl II. und von Papst* Clemens X. empfangen. Am besten gefiel es ihm in Versailles, am Hof Ludwigs XIV., dem „Sonnenkönig“ von Frankreich. Er wurde sein Vorbild.
Im Jahr 1679 übernahm Jan Wellem die Herrschaft über die Herzogtümer Jülich und Berg und 1690 über die alten Stammlande der Familie und die Kurpfalz. Während seiner Regierungszeit gab es viele kriegerische Auseinandersetzungen in Deutschland und Europa. Dabei stand er immer fest und treu auf der Seite des Kaisers und des Deutschen Reiches. Sein Leben lang bekannte er sich zur katholischen Kirche. Die Protestanten aus Gebieten der Pfalz hatten nicht wenige Nachteile dadurch. Jan Wellem regierte in absolutistischer Manier, das heißt ohne Kontrolle durch andere. Sein Wille war oberstes Gesetz. Er ließ mit allen Mitteln Steuern eintreiben und Widerspenstigen nahm er einfach die Macht.

Aber er war auch ein fürsorglicher, lebensfroher, gutmütiger Landesvater. Seine Bürger hatten zweimal in der Woche die Möglichkeit, ihn in seinem Arbeitszimmer zu besuchen und Bitten vorzubringen. Er wollte Glück und Wohlstand für seine Untertanen schaffen. Er ließ zahlreiche Neubauten errichten und die Straßen pflastern und beleuchten. Die Zitadelle* wurde zu seiner Zeit bebaut und die Wirtschaft blühte.
Jan Wellem wollte als Fürst gerne etwas darstellen und die Menschen beeindrucken. Deshalb machte er das Düsseldorfer Schloss bald zu einer herrlichen Residenz* mit prächtiger Hofhaltung. Wenn er in die Stadt fuhr, gingen die Kammerherren unterwürfig zu Fuß neben seinem Wagen her. Dazu noch 20 Pagen in Livree* und sechs Männer der Schweizergarde* mit Hellebarden*.

Jan Wellem gab dem Maler Jan Frans van Douven den Auftrag, ein Herrscherbild von ihm zu malen. Der Maler hat jede Einzelheit sorgfältig bedacht. Jan Wellem posiert wie auf einer Bühne vor dem Vorhang. In seiner Prunkrüstung, der Allongeperücke* und dem mit Hermelinpelz gefütterten Umhang erscheint er als starker, absolutistischer Herrscher. Das Zepter, der Reichsapfel und der Kurhut deuten

auf seine verantwortungsvolle Stellung als Vertreter des Königs im Deutschen Reich hin. Jan Wellem liebte Pracht und Prunk, die Kunst, das Theater, Musik, Tanz und alle Lustbarkeiten und die Jagd in den Wäldern. Er sammelte Medaillen, Münzen und Porzellan, Abgüsse von antiken Originalen, physikalische, optische und mathematische Instrumente, Waffen und vor allem Gemälde. Er liebte auch die Musik, holte die besten Musiker Europas ins Schloss und baute ein Opernhaus, in dem viele Stücke zum ersten Mal aufgeführt wurden. Sogar der Opernkomponist Georg Friedrich Händel wurde im Schloss empfangen und geehrt und der italienische Komponist Corelli schrieb ein Kammerkonzert für Jan Wellem. Dann kamen die Baumeister und schmiedeten Pläne, denn das Schloss musste umgebaut werden.
Aus allen Himmelsrichtungen wurden nun die besten Bildhauer, Maler, Stuckateure*, Elfenbeinschnitzer, Gold- und Silberschmiede, Zinngießer, Kunsttischler und andere Kunsthandwerker geholt, um das Schloss auszuschmücken. Alle Wände wurden mit Malereien und Spiegelrahmen sowie Wand-, Arm- und Kronleuchtern aus purem Silber geschmückt. An den Wänden hingen Gemälde, die Fußböden waren aus japanischem Holz mit eingelegtem Blumenwerk aus Elfenbein. Jan Wellems Sammelleidenschaft kannte keine Grenzen. Er ließ keine Gelegenheit aus, seine bedeutende Gemäldesammlung noch weiter zu vergrößern. Er schickte Sachverständige aus, um die besten Gemälde von den Malern Peter Paul Rubens, Anton van Dyck, Frans Snyders und Jacob Jordaens und anderen begabten Künstlern aufzuspüren. Dann platzte das Schloss aus allen Nähten und er musste für seine Gemälde einen Anbau an das Schloss errichten, die Gemäldegalerie*. Mit seiner zweiten Frau, Anna Maria de' Medici, trug er über 600 Gemälde bedeutender Künstler zusammen. Obwohl für Jan Wellem der katholische Glaube der einzig richtige Glaube war, erlaubte er den Bau protestantischer Gotteshäuser: an der Berger Straße und die Neanderkirche an der Bolkerstraße. Auch die Juden durften ein Gotteshaus errichten.

Jan Wellem war zudem ein begeisterter Jäger. Er zog gerne mit großem Gefolge als ranghöchster Jäger zu Fuß, zu Pferd und in der Kutsche durch den Königsforst. Bei Bensberg jagte er Hirsche, Rotwild und Wildschweine. Deshalb beschloss er, ein beeindruckendes Jagdschloss zu bauen, in dem sich auch seine zweite Frau Anna Maria Luisa de' Medici wohlfühlen konnte. Der reizvolle Blick über die hügelige Landschaft und über den Rhein bis zum Kölner Dom sollte sie an die Toscana, ihre Heimat in Italien, erinnern. Jan Wellem hat es nie vollendet erlebt, denn am 8. Juni 1716 ist er gestorben.
Unter Jan Wellem wurde Düsseldorf zu einem kulturellen Zentrum. Das Hofleben zog Besucher aus ganz Europa an. Der Luxus des Hoflebens kostete sehr viel Geld. Manche sagten, Jan Wellem sei ein leichtfertiger Verschwender und die ganze Kunst und der Luxus dienten ihm nur dazu, sich selbst zu erhöhen und zu glänzen. Nach seinem Tode hinterließ er hohe Schulden, die noch 90 Jahre von den Düsseldorfern abbezahlt werden mussten. Trotzdem nannten sie ihn „geliebter Verschwender und Sonnenkönig vom Rhein". Sie mochten ihn eben.

„Ein schönes Herrscherdenkmal“, wandte Mercur ein. „Aber das Vorbild dafür ist natürlich das Reiterstandbild des römischen Kaisers Marc Aurel auf dem Kapitolshügel in Rom.“

Denkmal für die Düsseldorfer Narrenfigur des „Hoppeditz“ von dem Künstler Bert Gerresheim.

„Kenne ich“, fiel Emma ihm ins Wort. „Das ist auf der italienischen Fünfzig-Cent-Münze abgebildet.“

„Das freut mich, dass die Tradition der Herrscherbilder auf Münzen auch heute noch gepflegt wird. Versammelt sich das Volk von Düsseldorf heute auch noch um das Reiterstandbild?“, wollte Mercur wissen.

„Klar“, sagte Emma. „Du musst mal sehen, was hier los ist, wenn der Hoppeditz erwacht.“

„Wer ist das?“, fragte der Teufel.

„Der Hoppeditz ist eine Düsseldorfer Narrenfigur. Wenn er am 11.11. um elf Uhr elf erwacht, beginnt die Karnevalssession. Der Hoppeditz hält die Eröffnungsrede auf dem Reiterstandbild und zieht die Düsseldorfer durch den Kakao. Der Bürgermeister steht auf dem Balkon des Rathauses und hört sich das an. Am Aschermittwoch ist dann wieder alles vorbei und der Hoppeditz wird unter Jammern und Wehklagen im Garten des Düsseldorfer Stadtmuseums begraben.“

„So etwas kenne ich. Wir Römer hatten auch eine verkehrte Welt. Das waren die Saturnalien. Die Sklaven tauschten mit ihren Herren die Rolle. Sie ließen sich von ihnen bedienen. Auch Verkleiden war bei unseren Festen üblich. Aber ich glaube, unsere Feste hatten einen anderen Sinn“, warf Mercur ein.

„Karneval gab’s auch schon zu meiner Zeit! Ha, das war ein teuflischer Spaß. Auf den Straßen war eine Raserei, ein Mommen und Trommen, ein Tanzen und Singen – alles war erlaubt. Fressen, saufen, derbe Späße, Ferkeleien, Schweinereien und Prügeleien. Das waren Späße, ganz nach unserem Geschmack“, begeisterte sich der Teufel.

linke Seite: Andreas Achenbach hat die Gemäldegalerie Jan Wellems 1831 gemalt.

Anna Maria de' Medici (1667–1743), zweite Frau von Jan Wellem.

Hunger ist der beste Koch

Jan Wellem war ein leidenschaftlicher Jäger. Als er wieder einmal mit seiner Jagdgesellschaft durch die Wälder streifte, verlor er sie aus den Augen. Nun war er im tiefen dunklen Wald von Bensberg allein. Er ritt hierhin und dorthin, die Zeit verging und bald wusste er überhaupt nicht mehr, wo er war. Außerdem knurrte sein Magen. Hunger kannte er nicht, denn bisher hatte er immer im Überfluss gelebt. Aber im tiefen Wald gab es nichts zu essen. Als es dunkel wurde, gelangte er an ein Bauernhaus. Eine Bäuerin öffnete ihm. Sie dachte, einen hungrigen Jäger vor sich zu haben, und setzte ihm einen Teller mit Erbsen und Speck vor. So eine Suppe kannte Jan Wellem nicht. Er war bessere Speisen gewohnt. Aber es schmeckte ihm so gut, wie ihm noch nie etwas geschmeckt hatte.

Schloss Bensberg heute.

Am nächsten Morgen machte er sich auf den Rückweg. Als er im Schloss ankam, war der Tisch schon mit den köstlichsten Speisen gedeckt. Aber es schmeckte ihm nicht. Er wollte Erbsensuppe mit Speck. Also kochte der Koch wie befohlen. Aber die Suppe schmeckte Jan Wellem nicht. Nun wurde die Bäuerin auf das Schloss geholt, um zu kochen. Aber auch diese Suppe schmeckte ihm nicht so gut wie im Königsforst am Tag zuvor.

Langsam begriff er, dass der Hunger der beste Koch ist. Wenn man tüchtig Hunger hat, schmeckt eben alles. Im Bergischen Land gibt es seitdem einen Spruch, der an die Geschichte erinnert: „Wer sich durch Arbeit nicht tut schrecken, dem wird es wie Jan Wellem schmecken.“

„Was hier auf dem Sockel des Reiterstandbildes steht, stimmt nicht“, sagte der Heinzel plötzlich.

„Was? Was stimmt nicht?“, fragte Emma.

„‚Errichtet von der dankbaren Bürgerschaft‘, das stimmt nicht. Die Bürgerschaft hat Jan Wellem kein Denkmal gesetzt. Jan Wellem hat sich sein Denkmal selbst gesetzt. Er hat es beim Künstler Gabriel de Grupello bestellt und sogar selbst bezahlt.“

Weil zur Zeit des Kurfürsten Carl Theodor die Bevölkerung stark gewachsen war, wurde die Stadt erweitert. Der neue Stadtteil wurde nach dem Namen des Kurfürsten „Karlstadt“ genannt. Der Mittelpunkt der Karlstadt ist der heutige Carlsplatz.

„Und wieso steht das auf dem Sockel?“, wollte Mercur wissen.

„Das betrifft nur den Sockel. Die Bürger haben nur die Erneuerung des Sockels bezahlt. Da drüben im Rathaus gibt es auch einen Jan-Wellem-Saal. Der Oberbürgermeister empfängt darin seine Gäste“, fuhr der Heinzel fort.

„Wo?“, wollte der Teufel wissen.

„Da drüben im alten Rathaus mit dem Balkon und der Statue über dem Eingang zum Treppenturm."

„Die Statue ist Justitia, die römische Göttin der Gerechtigkeit. Das kannst du dir mal merken, mein lieber Heinzel", sagte Mercur.

„Du benimmst dich mal wieder wie ein unangenehmer Lehrer ... das musst du dir mal merken!", äffte Emma Mercur nach. Dann wandte sie sich an den Heinzel.

„Sag mal Heinzel, kann man irgendwo sehen, wie Jan Wellem gewohnt hat?"

„Hier in der Innenstadt nicht. Aber in Benrath kann man noch ein richtiges Schloss sehen. Das kann man besichtigen. Allerdings ist dieses Schloss erst später gebaut worden, da war Jan Wellem schon tot. Wollt ihr das Schloss in Benrath mal sehen? Sollen wir mal dahin fahren?"

Emma war sofort einverstanden. Mercur auch. Nur der Teufel meckerte und fluchte wieder herum. Aber schließlich war er doch zu neugierig und wollte mit. Emma und der Heinzel fuhren mit der Straßenbahn nach Benrath. Der Teufel war rubbeldiekatz verschwunden und Mercur entschwebt.

Das Ende der Residenzstadt Düsseldorf

Zur Zeit Jan Wellems war Düsseldorf eine Residenzstadt*, in der etwa 5 000 Einwohner lebten, darunter viele Künstler, Maler, Bildhauer und Musiker. Als Jan Wellem starb, war die Glanzzeit der Stadt vorüber. Weil er keine Kinder hatte, wurde sein Bruder Karl Philipp sein Nachfolger. Er residierte aber nicht mehr in Düsseldorf, sondern in Mannheim. Deshalb verließen auch viele Künstler, Beamte und andere wichtige Leute die Stadt. Düsseldorf war nun wieder eine unbedeutende Provinzstadt. Als auch Karl Philipp kinderlos starb, wurde sein Nachfolger Carl Theodor. Weil er dazu noch Kurfürst* von Bayern wurde, residierte er in München. Dorthin holte er die bedeutende Gemäldesammlung Jan Wellems. In Düsseldorf blieben nur noch einige wenige Werke, zum Beispiel das Gemälde auf Seite 121.

Schloss Benrath aus der Vogelperspektive.

Schloss Benrath – ein kleines bescheidenes Häuschen auf dem Lande

Wächter vor dem Schloss.

Sie trafen sich an der Benrather Schlossallee wieder und guckten über den glockenförmigen Schlossweiher.

„Bonjour mes amis. Je vais vous montre la ‚Maison de Plaisance Benrath'. Voilá, ici il y a le corps de logis", begann der Heinzel, machte eine ausladende Armbewegung und zeigte geradeaus auf das „Corps de Logis", das Haupthaus von Schloss Benrath.

„Warum sprichst du nicht deutsch mit uns", fragte Emma entrüstet, „wir verstehen doch kein Französisch."

„Als das Schloss am Ende der Barockzeit* im Rokokostil* erbaut wurde, hat man an den großen Höfen Europas nur französisch gesprochen. Sie haben sich alle den Hof von Versailles zum Vorbild genommen, an dem der König von Frankreich regierte. Der prachtliebende Ludwig XIV. hieß überall der ‚Sonnenkönig'. Deshalb! Französisch war chic und elegant. Das Französische passte besser zu den üppigen und überladenen Schlössern, zur Mode der Reifröcke, zu Puder und Perücken, zu ausschweifenden lustigen Festen, zu Tanz, Konzerten und Vergnügen aller Art. Französisch klang leicht und musikalisch."

„Aber wir leben nicht mehr in dieser Zeit, in dieser Prock- und Rokkzeit. Also sprich deutsch! Und zwar ein bisschen flott, sonst mach ich mal flott französisch mit dir!", forderte der Teufel den Heinzel auf, aber keiner wusste so recht, was er mit französisch machen meinte.

„Hör erst mal richtig zu, du Kratzbürste und Würstchenteufel. Das heißt nicht Prockzeit und Rokkzeit. Das heiß Ba-rock-zeit und Ro-ko-ko-zeit. Aber gut. Ich streite mich jetzt nicht mit dir. Also dort drüben hinter dem See liegt das ‚Corps de Logis‘ ...“

„Du sollst deutsch sprechen, du altes Rübenschwein, du Heinzelpups, du Furzknoten. Das sage ich dir nicht noch einmal“, unterbrach ihn der Teufel, spuckte übel in der Gegend herum, packte seinen Teufelsschwanz und zog dem Heinzel eins über.

Blitzschnell gab der Heinzel dem Teufel einen kräftigen Tritt in den Hintern und fuhr freundlich fort. „Das ‚Corps de Logis‘ ist das Hauptgebäude des Schlosses mit den Wohnungen des Kurfürsten* und der Kurfürstin. Und dieses ‚Corps de Logis‘ besichtigen wir jetzt. Also allez, allez, allez! Mes chers amis.“

In Schloss Benrath können Kinder auf Zeitreise gehen.

Der Heinzel schritt kräftig voran und strebte auf das rechte Torhaus der großen Schlossanlage zu. Mercur und Emma folgten ihm. Der Teufel hingegen blieb in einiger Entfernung und streckte dem Heinzel unentwegt seine glutrote Zunge heraus und rieb sich den Hintern. Im Torhaus war der Treffpunkt für die Schlossführung, die jede Stunde stattfand. Es warteten schon etliche Teilnehmer in der Tordurchfahrt, als der Heinzel, Mercur und Emma ankamen. Bald erschien auch Frau Bockeschock, die Schlossführerin, und es konnte losgehen. Zum Schluss kam auch noch der Teufel angehechelt. Die Gruppe ging am Seitenflügel vorbei zum Hauptgebäude, dem „Corps de Logis“, an

Benrath – ein Stadtteil von Düsseldorf

Benrath ist heute ein südlicher Stadtteil von Düsseldorf. Im Mittelalter*, um 1222, lebte ein Ritter von Benrode in dem Gebiet. Später war der Ort, zu dem eine Burg und mehrere Bauernhöfe gehören, Besitz der Grafen von Berg. Aus der Burg entwickelte sich allmählich das Schloss Benrath. Es wurde zur Wasserburg ausgebaut und war der Witwensitz der Gemahlinnen der Herzöge von Berg. Im Jahr 1929 wurde Benrath nach Düsseldorf eingemeindet und gehört heute zum Stadtbezirk 9 der Stadt Düsseldorf.

dem von außen eine Treppe hinunter zum Eingang in das Kellergeschoss führte. Frau Bockeschock erklärte die Schlossanlage zuerst an einem Modell, das dort unten stand. Das Schloss Benrath ist ein „Maison de Plaisance“ – ein Lust- und Gartenschloss. Das „Corps de Logis“ ist der Hauptbau der Schlossanlage. Rechts und links sind die Flügelbauten. Alles ist völlig symmetrisch erbaut, das heißt auf der einen Seite exakt genauso wie auf der anderen. Der Westteil des Schlosses war als Wohnung für den Kurfürsten bestimmt, der Ostteil für seine Gattin Elisabeth Auguste. Der Garten- und Baudirektor Nicolas de Pigage plante Schloss, Garten und Park als eine Einheit, als Gesamtkunstwerk. Schließlich wollte man sich auf dem Sommersitz im Grünen von den strengen Zeremonien am Hofe erholen. Dann ging es durch verschiedene Räume, in denen die seltsamsten Dinge ausgestellt waren, zum Beispiel zwei Sessel, deren Seiten- und Rücklehnen aus Geweihen von Wildtieren zusammengesetzt waren. Im runden Keller wurden auch große Werke aus Stein aufbewahrt. Zum Beispiel die originalen großen Steinlöwen, die rechts und links vor dem „Maison de Plaisance“ Wache hielten. Dann ging es nach oben in die Vorhalle, in das Vestibül. Zuvor mussten aber alle Teilnehmer in große Filzpantoffel steigen, um den kostbaren originalen Fußboden nicht zu beschädigen.

Putten mit Weintrauben für den Herbst im Vestibül von Schloss Benrath.

„Oh, *vestibulum!* Interessant!“, frohlockte Mercur. „Schon zu unserer Zeit besaßen die römischen Häuser ein *vestibulum.* Unser römisches *vestibulum* war auch immer sehr schön ausgeschmückt. Mit Wandgemälden.“

Nun unterbrach ihn Frau Bockeschock und erklärte:

„Das Vestibül wurde auch als festliches Speisezimmer benutzt. So wie auch in der übrigen Schlossanlage spielt das Thema Natur hier eine große Rolle. Sie sehen an den Wänden Darstellungen der vier Elemente, Feuer, Wasser, Erde und Luft. Diesen vier Elementen werden die Jahreszeiten zugeordnet. Die kleinen, nackigen, pummeligen Putten* sind von den Zeichen der Jahreszeiten umgeben: der Frühling von Blumen, der Sommer von reifen Ähren, der Herbst von Weintrauben und der Winter von Feuer“, und alle sahen nach oben an die Wände, die oben noch mit Ranken verziert waren.

Dann ging es weiter in den Kuppelsaal, das Herzstück des „Corps de Logis“. Der Heinzel war völlig verzückt und rief abwechselnd „ah“ und „oh“ und „très bon“, „wie schön“ und „entzückend“ und „diese Pracht“. Im Fußboden war der farbige Marmor in Mustern verlegt und in der Mitte in der Form eines Sterns. Durch die großen Türen sah man in den Park, auf den Spiegelweiher und in die Natur. Die Wände ringsum waren mit Stuckmarmor* und Stuckreliefs*, Kristall-Kronleuchtern*, Schleifen und Ranken, Blumen, Muscheln und Putten* geschmückt. Frau Bockeschock erklärte alles. Auch im Kuppelsaal spielte das Thema Natur eine große Rolle. Auch er war mit Elementen aus der Natur verziert, die sich in den großen Spiegeln spiegelten. Und auch der wunderbare Garten mit dem Spiegelweiher war in den Spiegeln zu sehen. Im oberen Teil war die Kuppel in zarten Farben ausgemalt.

Neuzeit

„Diana. Ich erkenne Diana da oben in der Kuppel“, rief Mercur verzückt. „Unsere römische Göttin des Mondes. Unsere Göttin der Fruchtbarkeit. Unsere Göttin der Jagd.“ Als Mercur im obersten Kuppelgewölbe dann noch Aurora, die Göttin der Morgenröte, entdeckte, war er ganz aus dem Häuschen.

Frau Bockeschock erklärte weiter: „Im festlichen Kuppelsaal wurde getanzt. Hoch oben in der Kuppel saßen die Musiker und spielten Tanzmusik, die im ganzen Schloss zu hören war. Unten tanzten die Paare in ihrer prachtvollen Kleidung. Die Damen schritten in ihren ausladenden Kleidern mit Reifröcken einher, die Herren in Kniehosen.“

Der Kuppelsaal ist das Herzstück des Schlosses.

Das Vestibül und der Kuppelsaal bilden die Mittelachse des Schlosses und teilen es in zwei spiegelbildliche Wohnungen.

Nun betrat Frau Bockeschock die Wohnung der Kurfürstin. „Pfirsichblütenrosa“, sagte sie. „Die Wände sind pfirsichblütenrosa vertäfelt. Pfirsichblütenrosa ist die Farbe des Rokoko*. Sie sehen über den Türen die Supraporten*, an den Wänden Spiegel, Goldrahmen, Rosetten und Girlanden aus Stuck*. Oben in den Decken Gemälde. Der Fußboden ist ein Meisterwerk und noch original aus der Zeit der Erbauung von Schloss Benrath erhalten." Die Gruppe hörte Frau Bockeschock zu, aber keiner fragte zum Beispiel, was Supraporten sind. Mercur konnte sich aus dem Lateinischen zusammenreimen, dass damit die gerahmten Flächen über den Türen gemeint waren, die mit Bildern und Ornamenten ausgefüllt waren.

„In Schloss Benrath sehen wir, dass der Rokokostil zu Ende ging, denn der Architekt Nicolas de Pigage hat sich für bestimmte Einzelheiten Vorbilder aus der Antike ... äh ... aus der römischen Zeit gesucht. Die Türen und Spiegel werden von Wandpfeilern gerahmt. Dort drüben an der Wand sehen sie die Bildnisse von Carl Theodor und Elisabeth Auguste."

Kurfürstin Elisabeth Auguste, um 1750.

Kurfürst Carl Theodor, um 1750.

Sofort verwickelte Mercur Frau Bockeschock in ein Gespräch über den römischen Baustil. Die anderen standen herum und Emma hörte nur noch das Wort Klassizismus*. Der Heinzel betrachtete die fein bespannten Wände genau, Emma die Deckenmalerei, die anderen Teilnehmer den Fußboden und der Teufel klebte an einer der großen Türen, die auf die Terrasse der Gartenseite hinausführten. Vier japanische Kinder guckten neugierig von draußen in den Gartensaal der Kurfürstin, dem Teufel genau in die Teufelsfratze. Sie erschraken sich fürchterlich und wichen zurück. Der Teufel streckte ihnen seine glutrote Zunge heraus, zeigte den Teufelsfuß und ließ seinen Schwanz kreisen. Jetzt bekamen es die Kinder mit der Angst zu tun und liefen weg. Plötzlich hörte der Teufel ein Gewisper im Raum. Er drehte sich um und stellte fest, dass er alleine war. Die anderen waren schon in das Schlafzimmer der Kurfürstin weitergegangen. Aber woher kam das Gewisper und Getuschel? Er horchte und dann verstand er auch einige Wörter: „... hier stinkt's! ... Hier stinkt's nach Feuer ... und nach Erde. Das riecht nach Hölle. Das riecht nach diesem Teufelsbraten ..., iiiiii... hahaha ... mit den kratzigen Haaren auf dem Körper ... iiiii... igitt... kratz, kratz ... mit den Hörnern ... määh, bääh ... und dem Schwanz ... äh ... stink, stink ... und dem Pferdefuß ... rumms ...

bumms … trampel, trampel … äääHhh, diese kratzige, trampelige, stinkige Gestalt passt doch nicht hierher, die passt doch nicht in ein Rokokoschloss …“, wisperte und lachte es im Saal.

Dem Teufel stockte der Atem und seine Adern schwollen. Er traute sich nicht, überhaupt noch ein Lebenszeichen von sich zu geben, und bewegte sich nicht. Wer wisperte da, wer sprach da? Er ließ seine Augen kreisen. Nach rechts, nach links, nach oben und nach unten. Und dann sah er sie. Diese kleinen, dicken, nackten, lockigen Jungen hoch oben an den Rändern der Decke. Er sah die Putten* aus Gips, die so gemein über ihn herzogen und lachten.

Dann fand der Teufel seine Fassung wieder. Er schüttelte sich einmal kurz und folgte der Gruppe in das Schlafzimmer der Kurfürstin. Er bekam gerade noch mit, wie Frau Bockeschock vom Badezimmer und vom Ankleidezimmer der Kurfürstin sprach. Dann gingen sie noch in den Salon, von dem aus Elisabeth Auguste in ihren Garten sehen konnte. In den Spiegeln an den Wänden spiegelte sich der Park mit dem langen Weiher wieder. Von den beiden Türen an der Wand war nur eine zu öffnen. Die andere war überhaupt keine richtige Türe, durch die man gehen konnte. Es sah nur so aus, damit alles ebenmäßig war und ein spiegelgleiches Bild ergab. Emma entdeckte auf einem vergoldeten Spiegelrahmen auch zwei vergoldete Mäuschen und als sie genauer hinschaute, fand sie auch noch ein drittes, das seine Schnäuzchen aus

Schloss Benrath

Der Vorläufer von Schloss Benrath war eine Wasserburg aus dem 15. Jahrhundert, die später vom Pfalzgraf Philipp Wilhelm in ein Schloss umgestaltet wurde. Die Pfalzgrafen* verbrachten hier den Sommer und gingen auf die Jagd. Auch Jan Wellem (1679–1716) kam gerne auf das Schloss, ging auf die Jagd und genoss die frische Luft und die Natur ringsum.
Etwa 100 Jahre später beschloss der Kurfürst* Karl Theodor (1724–1799) ein neues Lust- und Jagdschloss nach den Plänen des Baumeisters Nicolas de Pigage im Rokokostil* zu bauen. 1756 wurden die Arbeiten begonnen und nach 15 Jahren war es fertig. Von außen erscheint das Schloss eher klein, weil es scheint, dass es außer dem Erdgeschoss nur ein Stockwerk aufweist. Im Innern jedoch ist es groß. Auf vier Stockwerken verbergen sich 80 Räume.

Blick vom Gemach der Kurfürstin durch den Kuppelsaal in das Gemach des Kurfürsten.

einem Mauseloch steckte. Nachdem sie auch die Räume des Kurfürsten auf der anderen Seite bewundert hatten, gingen sie ins Obergeschoss.

„Das Schloss macht von außen den Eindruck, als ob es zwei Stockwerke hat. Aber in Wirklichkeit hat es vier. Die Räume für die wichtigen Personen im Erdgeschoss sind hoch. Die Räume für die unwichtigen Personen, wie die Wohnräume der Kammerdiener und Kammerzofen und aller anderen Diener, sind niedrig. Deshalb hat das Schloss in Wirklichkeit vier Stockwerke. Die unteren Räume waren dem Kurfürsten Carl Theodor und seine Gemahlin Kurfürstin Elisabeth Auguste vorbehalten. In der Dachetage gab es vier gemütliche Wohnungen für je zwei Gäste. Ihre Diener schliefen direkt unter dem Dach. In der Mitte befand sich noch eine Kapelle. Hinter den Wänden verbargen sich das Treppenhaus und die Räume für das Personal. Das Schloss war eben nur ein ‚bescheidenes Häuschen am Weiher im Park'", erläuterte Frau Bockeschock.

„Bescheidenes Häuschen", flüsterte Emma dem Heinzel zu und zeigte einen Vogel. „So ein Quatsch."

„Na ja", sagte der Heinzel. „Gemessen an anderen Schlössern stimmt das vielleicht. Aber ich möchte nicht wissen, für wie viele Personen das Schloss wirklich gebaut war." Aber schon hatte Frau Bockeschock die Erklärung gegeben. Im Haupthaus befinden sich achtzig Räume. In den Nebengebäuden, in denen sich auch die Küchen mit unterirdischen Gängen zum Hauptgebäude befanden, konnten hundert Personen wohnen.

Frau Bockeschock zeigte noch die Gemälde von Carl Theodor und Elisabeth Auguste, als sie noch jung waren. Zum Schluss lächelte Frau Bockeschock und sagte:

„Kurfürst Carl Theodor hat das Schloss Benrath als Jagd- und Lustschloss bauen lassen. Er wollte hier Ruhe und Frieden haben, auf die Jagd gehen und die Natur genießen, spielen, tanzen und Musik hören. Es sollte auch der Witwensitz seiner Gattin werden. Aber beide waren nie eine längere Zeit hier und haben nie hier gewohnt. Carl Theodor war nur ein einziges Mal in seinem ‚Maison de Plaisance' in Benrath. Und die Kurfürstin brauchte auch keinen Witwensitz, weil sie gar keine Witwe wurde, denn sie starb vor ihrem Gemahl Carl Theodor."

Nun war die Führung zu Ende. Alle nahmen die Filzlatschen in die Hand, stiegen die Stufen bis zum Kellergeschoss hinab und waren froh, als sie wieder an der frischen Luft waren. Nun gingen sie zur Terrasse an der Südseite des Schlosses. Mercur entdeckte natürlich sofort die Statuen, die seine Verwandten aus dem Götterhimmel darstellten. Da stand Flora, die römische Göttin des Frühlings, der Blumen und Blüten, und der Hirtengott Pan, der Gott der Wälder und der Wiesen und der gesamten Natur, mit seiner siebenröhrigen Flöte, der Panflöte, und andere Göttergestalten.

Dann entdeckte der Heinzel ein Hochzeitspaar. Es war mit einem Fotografen in den Park gekommen, um sich vor besonders schöner Kulisse fotografieren zu lassen. Und die Hochzeitsgäste waren auch dabei.

„Oh, wie romantisch. Wie schön! Guck mal die Braut, guck mal dieses schöne Hochzeitskleid. Guck mal, wie verliebt die beiden sind. Ist das schön. Ich schwärme für Hochzeitspaare in Hochzeitskleidern und Hochzeitsanzügen."

links: Die Südseite von Schloss Benrath.

Hochzeitspaar vor dem „Corps de Logis" von Schloss Benrath.

Der Heinzel blieb so lange vor der Hochzeitsgesellschaft stehen und guckte zu, bis der Fotograf fertig war. Emma hatte sich ins Gras gelegt und genoss die Natur. Mercur saß auf der Treppe zur Terrasse. Der Teufel lief den Kindern hinterher, die mit ihren Eltern im Schlosspark spazieren gingen, und ärgerte sie so lange, bis sie anfingen zu knatschen. Dann ging er zum Heinzel.

„Ich hab' jetzt genug von diesem Rokko-Schloss aus der Rokkockzeit. Das war doch sowieso nur für ganz wenige. Die anderen hatten gar nichts von der ganzen Pracht. Die waren arm und mussten arbeiten. Nur die Fürsten und die Grafen und diese Lakaien* machten hier am Hof herum. Ich will jetzt woanders hin. Los, du kleiner Furzzwerg, zeig uns was anderes in Düsseldorf. Du bist doch der Fachmann."

Der Schlosspark von Benrath

Der Schlosspark von Benrath ist etwa 612 000 Quadratmeter groß. E wird von einem Wassergraben umschlossen und besteht aus mehreren Gärten, die zu verschiedenen Zeiten angelegt wurden. Vor dem Schloss liegt der große glockenförmige Schlossweiher mit einer kleinen Insel und einer Fontäne in der Mitte. Links vom Weiher gibt es ein Obstbaumwiese, den Französischen Garten und eine Lindenallee. Recht sind ebenfalls eine Lindenallee, der Englische Garten und ein Blumengarten. Vor der Terrasse nach Süden sind Figuren aufgestellt, die verschiedene Götter und Göttinnen darsteller zum Beispiel Bacchus, der Gott des Weines, oder Flora, die Göttin des Frühlings, der Blumen und der Blüter Dahinter erstreckt sich der Spiegelweher 470 Meter nach Süden. Er trennt die östliche Parkseite von der westlichen. Im Westen liegt der ausgedehn Waldpark, in dem man auf einem sternenförmigen Wegenetz fast bis zum Rhein spazieren kann.

Der Spiegelweiher im Park von Schloss Benrath.

Der Schlosspark Benrath wurde als h rausragendes Beispiel in die Straße der Gartenkunst an Rhein und Maas aufgenommen.

Zweimal im Sommer finden im Schlosspark festliche Konzerte mit klassischer Musik statt. Dann lauschen viele Düsseldorfer auf dem Rasen oder an Tischen der Musik. In den Torhäusern des Schlosses sind heute das Museum für Europäische Gartenkunst und das Naturkundliche Heimatmuseum untergebracht.

Die Benrather Linie

Für die Wissenschaftler, die sich mit der deutschen Sprache beschäftigen, bezeichnet die Benrather Linie die Sprachgrenze zwischen den niederdeutschen und den hochdeutschen Mundarten. Die Benrather Linie führt von Aachen nach Osten über Düsseldorf weiter nach Kassel und über Magdeburg bis nach Frankfurt an der Oder. Südlich dieser Linie wird Mittelhochdeutsch gesprochen, nördlich Niederdeutsch. An den Beispielen kann man den Unterschied der Mundarten erkennen:

Mitteldeutsch:	ich	machen	Dorf	das
Niederdeutsch:	ik	maken	Dorp	dat

Prunkvolle Kirchen aus der Barockzeit

Alle fuhren mit der Straßenbahn zurück in die Altstadt. Kaum hatte sich der Heinzel gesetzt, fielen ihm auch schon die Augen zu und er begann wieder einmal ein Schnarchkonzert. Der Teufel beschäftigte sich mit sich selbst und arbeitete unappetitlich in seinen Zähnen herum und kratzte den Dreck aus seinem Schwanz. Emma und Mercur schauten aus dem Fenster.

„Wisst ihr, warum ich die Kinder geärgert habe?", begann der Teufel plötzlich. „Diese dicken Putten im Gartensaal der Kurfürstin haben sich über mich lustig gemacht. Sie haben mich verspottet. Stinkige Gestalt haben sie zu mir gesagt und noch andere schlimme Sachen. Das ist nicht nett. Auch Teufel darf man nicht so beleidigen."

Emma und Mercur sahen sich ratlos an. Manchmal tat ihnen der Teufel einfach nur leid.

Als die Straßenbahn an einer Haltestelle ruckelte, schlug der Heinzel die Augen auf und sagte: „Jetzt machen wir wieder die city-tour on foot und gucken uns die Barockhäuser und Kirchen in der Altstadt an."

„Neiiiiiin! Neiiiiiin! Neiiiiiin! Neiiiiin!", schrie der Teufel sofort los. „Keine Prockbauten! Keine Kirchen! Ich kann das mit dem Prock und Rokk nicht mehr aushalten, das ist mir viel zu überladen mit Verzierungen."

Die Andreaskirche

Die Andreaskirche ist die Hof- und Grabeskirche der Herzöge von Pfalz-Neuburg. Herzog Wolfgang Wilhelm hat sie von 1622 bis 1629 im Barockstil* erbauen lassen. Dieser Stil entwickelte sich zuerst in Rom und danach in seiner Heimat in Süddeutschland. Die Kirche St. Andreas zählt zu den besonders kunstvollen Barockkirchen am Niederrhein. Im Innenraum sind Wände und Decken mit prachtvollen Stuckarbeiten* ausgeschmückt. An den Chor der Kirche ist auch ein Mausoleum* angeschlossen. Hier hat Jan Wellem seine letzte Ruhe gefunden.

Wer mehr zu St. Andreas erfahren möchte, kann im Internet unter www.sankt-andreas.de schauen. Dort werden auch die Termine der Musikkonzerte bekannt gegeben.

Die Neanderkirche in der Bolkerstraße 36

Die Neanderkirche ist eine evangelische Kirche, die nach dem Prediger und Dichter von Kirchen- und Naturliedern Joachim Neander benannt worden ist. Als sie 1683 gebaut wurde, war sie die erste protestantische Kirche in Düsseldorf. Die Erlaubnis zum Bau war aber an eine Bedingung geknüpft. Die Kirche durfte nicht direkt an der Straße stehen, sondern nur versteckt hinter der Straßenfront.

„Müssen wir uns das angucken?“, fragte Emma den Heinzel.

„Wie ihr wollt. Ich wollte euch Düsseldorf in der Neuzeit* zeigen, die Andreaskirche und die Neanderkirche, die Barockhäuser an der Zollstraße und an der Kurzen Straße das Palais Spee mit dem Stadtmuseum, halt alles was zu dieser Zeit gehört. Dann gehen wir eben in die Bolkerstraße zu Sy Freudhold Riesenharf und in die Max-Schule in der Citadellstraße und zum Schneider Wibbel in die Schneider-Wibbel-Gasse“, sagte der Heinzel.

„Also meiner Meinung nach sollten wir nichts auslassen“, ließ sich Mercur höchst interessiert vernehmen und schob eine Augenbraue hoch. „Das gehört doch alles zur Geschichte und zur Kultur dieser Stadt. Man ist doch verpflichtet, sich gründlich damit auseinanderzusetzen und sein Wissen ständig zu vergrößern."

Emma verzog verärgert das Gesicht und sagte: „Du gehst mir auf den Geist. Immer hast du so eine komische Meinung. Wir haben doch schon so viel gesehen. Es ist doch auch mal genug. Es muss auch Spaß machen! Das ist doch kein Schulunterricht hier." Dann war erst mal Ruhe und niemand sagte etwas. Der Heinzel setzte sich in Marsch und die anderen gingen hinterher.

Schneider Wibbel, Napoleon und die Franzosenzeit

In der Schneider-Wibbel-Gasse lag ein Lokal neben dem anderen. Die Tische auf der Straße waren gedeckt und einige Gäste saßen schon vor ihren Gläsern mit Altbier und warteten auf das Essen. Der Heinzel blieb vor dem Haus mit der Bronzefigur stehen. Der Schneider Wibbel war an den Knien, den Armen und an Nase, Kinn und Bart blitzeblank und schimmerte golden. Als Emma wissen wollte, warum das so war, wiegelte der Heinzel ab.

„Hör erst mal zu, wie das mit den Franzosen war", sagte er.

Emma platzte fast vor Wut. Jetzt benahm der Heinzel sich auch schon wie ein Besserwisser.

„Am 6. Oktober 1794 haben die Franzosen von Oberkassel und Niederkassel das Feuer auf die Stadt eröffnet", begann der Heinzel. „Und kurze Zeit später standen das Schloss und die Nebengebäude des Statthalterpalais an der Mühlenstraße und sechzehn Bürgerhäuser in Flammen. Etwas später war die Stadt von französischen Revolutionstruppen besetzt.

Aber das war noch nicht alles. Die Düsseldorfer mussten auch den Unterhalt für diese Besatzungstruppen bezahlen. Sie mussten Lebensmittel herbeischleppen, Schlafplätze für die Soldaten besorgen, Munition bereitstellen und vieles Andere. Aber sie stellten sich taub. Aber dann wurden sie von den Franzosen erpresst. Entweder bezahlt ihr innerhalb von vierundzwanzig Stunden den Unterhalt – oder wir reißen euren Jan Wellem samt Pferd vom Sockel, schmelzen ihn ein und machen Kanonen und Kugeln aus ihm. Das haben sie gesagt. Stellt euch

Die Stadt Düsseldorf. Ansicht während der Beschießung durch die Franzosen am 6. Oktober 1794.

das mal vor! Das war eine Unverschämtheit! Den Jan Wellem zu Munition machen! Den Düsseldorfern platzte der Kragen und die Meckerei über Napoleon ging los."

„Ist das wahr?", zweifelte Mercur.

„So wahr ich Heinzel Mann heiße. Sechs Jahre lang blieben die Franzosen, bevor sie wieder abzogen. Aber ehe sie endgültig verschwanden, haben sie noch die Festungsanlagen gesprengt und alles in einen Trümmerhaufen verwandelt.

Eine neue Epoche

Die französischen Revolutionstruppen beschossen am 6. Oktober 1794 von Oberkassel aus die Stadt. Es gab viele Tote und etliche zerstörte Gebäude. Die Düsseldorfer sahen keine Möglichkeit, die Truppen aufzuhalten, und ergaben sich. Nun war die Stadt von 1795 bis 1801 von den Franzosen besetzt und eine neue Zeit begann. Die Franzosen bauten die Festungswerke aus, die sie aber, als sie 1801 wieder abzogen, sprengten und schleiften, so wie es im Friedensvertrag von Lunéville vorgesehen war. An Stelle der Verteidigungsbauten sollten nun öffentliche Gärten und Parks angelegt werden. Düsseldorf wurde von 1806 bis 1815 noch einmal Haupt- und Residenzstadt für das Großherzogtum Berg.

Im Herbst 1811 wollte Kaiser Napoleon Düsseldorf besuchen. Alle waren aufgeregt. Schon ein Jahr vorher überlegte man, was alles zu tun ist, wenn der Kaiser kommt. Ein Triumphbogen mit der Inschrift ‚DEM GÖTTLICHEN NAPOLEON, DEM GROSSEN KAISER UND KÖNIG, DEM UNÜBERWINDLICHEN SIEGER UND BESCHÜTZER DER VÖLKER' musste her. Wie in römischer Zeit sollte der Kaiser diesen Triumphbogen durchschreiten.

Die Handwerker hatten alle Hände voll zu tun. Die Schneider mussten von morgens bis abends neue Hofkleider und Uniformen nähen, die beim Kaiserbesuch getragen werden sollten. Straßen, Häuser und Plätze, an denen der Kaiser vorüberkam, sollten geschmückt werden. In Schloss Jägerhof sollte der göttli-

Napoleon hat sich als Kaiser im Krönungsornat in der Pose eines römischen Herrschers darstellen lassen.

Kaiser Napoleon zieht durch den Triumphbogen in die Elberfelder Straße.

Neuzeit

che Napoleon wohnen. Deshalb musste es hergerichtet und verschönert werden. Als Napoleon dann am 2. November um elf Uhr an der Stadtgrenze eintraf, wurde er von den höchsten Beamten empfangen und von einer Ehrengarde begleitet. Auch die bergischen Truppen in ihren schönen Uniformen begleiteten ihn auf dem Weg über die Kaiserstraße zum Schloss Jägerhof. Die Düsseldorfer säumten die Straße und riefen ‚Vivat, vivat, vivat, er lebe hoch, er lebe hoch, er lebe hoch!'"

„Und was hat nun der Schneider Wibbel mit den Franzosen zu tun?", wollte Emma endlich wissen.

„Der hat auch ‚vivat' gerufen und dann ist er in die nächste Brauerei auf der Bolkerstraße gegangen und nachdem er ein, zwei oder auch fünf Schnäpse getrunken hatte, zog er über den Kaiser her und beschimpfte ihn. Das war Majestätsbeleidigung und französische Beamte brachten ihn dafür vor Gericht und …"

Schloss Jägerhof

Schloss Jägerhof liegt im Stadtteil Pempelfort. Es wurde 1752 bis 1763 im Rokokostil* erbaut. Der Bauherr war Kurfürst* Carl Theodor, der Architekt Nicolas de Pigage, der auch Schloss Benrath entworfen hat. Bis zum Besuch Kaiser Napoleons im Jahr 1811 war das Schloss in einem sehr schlechten Zustand. Für den Kaiser und seine Gattin Marie-Louise wurde es renoviert und ausgestattet, damit sie sich in den vier Tagen ihrer Anwesenheit wohlfühlten. Etwa 100 Jahre später wurde Schloss Jägerhof an die Stadt Düsseldorf verkauft. Heute ist dort das Goethe-Museum untergebracht.

Schneider Wibbel

Der Schneider Wibbel ging gerne in die Wirtschaft und trank Bier und Schnaps. Als er eines Tages schon etliche Bierchen und Schnäpse getrunken hatte, geriet er mit einem französischen Beamten in Streit und schimpfte laut über Kaiser Napoleon. Der Beamte war empört und zeigte ihn wegen Majestätsbeleidigung an. Er wurde verurteilt und bekam zur Strafe vier Wochen Arrest, die er in der Arrestzelle absitzen musste. Nun konnte er vier Wochen nicht arbeiten. Weil die Kunden aber nicht so lange auf ihre Sachen warten wollten und der Schneider keine Lust auf Arrest hatte, kam die Frau vom Wibbel auf eine Idee. Sie überredete den Gesellen Zimpel, an Stelle ihres Mannes in die Zelle zu gehen. Das tat Zimpel auch. Aber während der Haft wurde er krank und starb. Nun dachten alle, Meister Wibbel sei tot. Sie waren traurig und gingen zu seiner Beerdigung und die Frau spielte die trauernde Witwe. Der Schneider Wibbel stand am Fenster seiner Wohnung, sah seiner eigenen Beerdigung zu und amüsierte sich. „Enä, wat ben ich doch för ne schöne Leich", soll er gesagt haben, als der Trauerzug mit dem Sarg vorüberzog. Nun war der Wibbel für die Leute tot und begraben – aber in Wirklichkeit quicklebendig. Und jetzt? Eine kurze Zeit hielt er sich versteckt, aber auf Dauer war das keine Lösung. Da hatte seine Frau wieder eine Idee. Sie erzählte allen Nachbarn, der Zwillingsbruder vom Wibbel sei in die Stadt gekommen. Nun durfte Wibbel wieder lebendig sein, allerdings nur als sein Zwillingsbruder. Als solcher heiratete er nun auch seine eigene Frau und sie konnten weiter zusammenleben. Als die Franzosen endlich abgezogen waren, deckte er sein Geheimnis auf. Nun durfte er wieder der echte Wibbel sein.

Während der Heinzel noch redete, war der Teufel auf den Schneider Wibbel gestiegen und saß nun auf seinem Schoß. Er guckte ihm in die Ohren, bohrte ihm in der Nase und strich ihm über den Kopf.

„Komm da runter! Los! Runter da!", schrie der Heinzel aufgebracht. „Auf solchen Statuen klettert man nicht herum. Das ist ein Denkmal."

„Tsss...", machte der Teufel und scherte sich nicht um das Geschrei des Heinzels. Aber dann erschreckte er sich fürchterlich und wäre beinahe vom Schneider Wibbel gefallen, als sich eine Spieluhr in Gang setzte.

„Dieser Schneider Wibbel hat gar nicht gelebt. Er ist eine Erfindung vom Volksdichter Hans Müller-Schlösser. Er hat das Theaterstück vom Schneider Wibbel geschrieben, das den Leuten so gut gefiel, dass es ab 1913 immer wieder gespielt wurde. Sogar sieben unterschiedliche Filme sind über den Schneider Wibbel gedreht worden", sagte der Heinzel noch. Aber niemand hörte ihm richtig zu, weil alle den Schneider Wibbel streichelten. Auf der Bronzetafel stand nämlich: „Streichle den Wibbel – ein kleines Stück, und Du wirst sehen, es bringt Dir Glück."

„Siehste", sagte der Teufel zum Heinzel, „ich habe den überall gestreichelt und deshalb habe ich auch jetzt am meisten Glück."

„Jetzt weiß ich auch, warum er an manchen Stellen so blank ist", stellte Emma fest.

„Wisst ihr, wer Kaiser Napoleon auch ‚vivat' zugerufen hat? Dieser Mensch war 1811 gerade mal vierzehn Jahre alt und wurde in der Düsseldorfer Altstadt in der Bolkerstraße 53 im Hinterhaus geboren. Da gehen wir jetzt hin", bestimmte der Heinzel.

Berühmt in aller Welt – der Dichter Heinrich Heine

„Hört mal zu", sagte der Heinzel, als sie am Haus Nummer 53 in der Bolkerstraße standen. Und dann begann er:

„Ich bin ein deutscher Dichter,
Bekannt im ganzen Land;
Nennt man die besten Namen,
So wird auch der meine genannt.

„Wer war denn der Angeber, der das gedichtet hat?", fragte Emma.

„Der, der hier geboren wurde. Aber es war kein Angeber. Er ist nämlich tatsächlich bis heute in aller Welt bekannt und ihr kennt ihn auch. Sogar in die japanische Sprache hat man seine Gedichte übersetzt", entgegnete der Heinzel.

Geburtshaus Heinrich Heines in der Bolkerstraße 53.

Der Dichter Heinrich Heine (1797–1806).

„Sag schon", mischte sich Mercur ungeduldig ein.

„Heinrich Heine."

„Ach der", erinnerte sich Emma. „Der hat sich doch mal so einen komischen Decknamen gegeben."

„Genau. Er hat die Buchstaben seines Namens zu Sy Freudhold Riesenharf vertauscht. Aber da nannte er sich noch Harry und die Buchstaben von Düsseldorf hat er auch noch dazugenommen. Nur bei dem ü hat er gemogelt.

Hier ist sein Geburtshaus, aber das sah natürlich zu seiner Zeit anders aus. Er wurde geboren, als Düsseldorf von den Franzosen besetzt war. Das war eine Zeit der großen Veränderungen. Die Parole der französischen Revolutionstruppen hieß: Freiheit, Gleichheit, Brüderlichkeit.

Harrys Familie mit den Geschwistern Charlotte, Gustav und Maximilian gehörten dem jüdischen Glauben an. Deshalb besuchte er zuerst auch eine jüdische Schule. Aber nachdem die Franzosen jüdischen Kindern auch den Besuch christlicher Schulen erlaubten, wechselte er auf die städtische Grundschule. Er war der lauteste und frechste in der Klasse. Vielleicht war es ihm langweilig, denn er begriff alles sehr schnell und war den anderen Kindern weit voraus und überlegen. ‚Ich hasse Sie', schrie er seiner Lehrerin einmal an und später schrieb er dann das Gedicht über sie:

Frau Hindermans im Lehnstuhl saß,
Die Brille auf der langen Nas,
(Ein Eulenschnabel war's vielmehr),
Das Köpflein wackelt hin und her,
Und in der Hand die Birkenrut',
Womit sie schlug die kleine Brut,
Das weinend kleine arme Ding,
Das harmlos einen Fehl beging –
Es wurde von der alten Frau,
Geschlagen bis es braun und blau!
Misshandelt und beschimpft zu werden,
Das ist des Schönen Los auf Erden.

Harry hat auch auf dem Denkmal von Jan Wellem herumgeturnt und die Geschichte vom Gießerjungen gehört. Er erzählt:

Das Denkmal vom Gießerjungen am Marktplatz/Ecke Zollstraße vom Künstler Willi Hoselmann ist aus Bronze. Im Hintergrund der Marktbrunnen mit Gänsen.

‚Als Knabe hörte ich die Sage, der Künstler, der diese Statue gegossen, habe während des Gießens mit Schrecken bemerkt, dass sein Metall nicht dazu ausreiche, und da wären die Bürger der Stadt herbeigelaufen und hätten ihm ihre silbernen Löffel gebracht, um den Guss zu vollenden – und nun stand ich stundenlang vor dem Reiterbilde und zerbrach mir den Kopf: Wie viel silberne Löffel wohl darin stecken mögen, und wie viele Apfeltörtchen man wohl für all das Silber kaufen könnte.‘

Harrys liebster Spielplatz war der Hofgarten, wo er Vogelnester und Käfer suchte. Er hatte einen Schulkameraden, der hieß Wilhelm. Als die beiden eines Tages an der Düssel spielten, fiel ein Kätzchen ins Wasser und Harry sagte zu Wilhelm, er solle das Kätzchen wieder herausholen. Wilhelm stieg auf ein Brett, das über dem Bach lag, und riss es aus dem Wasser. Dabei fiel er aber selbst hinein. Und als man Wilhelm herauszog, war er nass und tot. Das Kätzchen aber hat noch lange gelebt.

Heinrich Heine hat sehr viele Gedichte geschrieben. Ein Gedicht ist in der ganzen Welt berühmt, weil der Komponist Friedrich Silcher eine Melodie dazu geschrieben hat."

„Sag das mal auf, das Geduscht", sagte der Teufel, „oder kannst du das vielleicht nicht auswendig?"

„Gedicht heißt das", verbesserte Emma.

Der Heinzel stellte sich in Positur, räusperte sich und begann:

Loreley

Ich weiß nicht, was soll es bedeuten,
Dass ich so traurig bin.
Ein Märchen aus uralten Zeiten,
Das geht mir nicht aus dem Sinn.

Die Luft ist kühl und es dunkelt,
Und ruhig fließt der Rhein;
Der Gipfel des Berges funkelt
Im Abendsonnenschein ..."

Das Gedicht von der Loreley war sehr beliebt. Deshalb wurden Bilder zum Gedicht gemalt und massenweise verbreitet.

„Ich hab das Gedicht schon mal gehört und die anderen auch“, unterbrach Emma den Heinzel. „Es erzählt von der Loreley, die oben auf einem Felsen am Rhein sitzt, ihr goldenes Haar kämmt und dabei singt. Und dann kommt ein Schiffer, guckt nach oben und passt nicht auf die Felsenriffe auf und dann ...“

„Unterbrich mich nicht“, sagte der Heinzel ärgerlich und setzte seinen Vortrag fort. Die letzte Strophe trug er besonders gefühlvoll vor:

„Ich glaube, die Wellen verschlingen
Am Ende Schiffer und Kahn;
Und das hat mit ihrem Singen
Die Lore-Ley getan.“

Heinrich Heine

Heinrich Heine wurde 1797 in Düsseldorf geboren. Er studierte Rechtswissenschaft und wollte im Staatsdienst arbeiten. Aber er fand keine Stelle. Er war davon überzeugt, dass das mit seiner jüdischen Religion zu tun hatte, denn schon zu dieser Zeit wurden Juden gesellschaftlich zurückgesetzt. Deshalb trat e zum protestantischen Glauben über, aber auch danach änderte sich nichts. Er schrieb weiter Gedichte und machte sich Gedank über Freiheit, Demokratie und Gerechtigkeit für alle Menschen. Darüber schrieb er auch Artikel in Zeitungen. Wegen seiner Anschauungen wurde er von vielen bewundert, aber auch von viele angefeindet. Schließlich wurden seine Schriften von der Obrigke kontrolliert, unterdrückt und sogar verboten. Im Jahr 1831 sollte er sogar verhaftet werden, doch er konnte noch rechtzeitig nach Paris entkommen. Dort heiratete er Mathilde, eine junge, lebenslustige Französin. Mit 35 Jahren erkrankte er an einem Nervenleiden, das ihn mehr als acht Jahre ans Bett fesselte. Trotz der qualvollen Jahre schrieb er im Bett, in seiner „Matratzengruft“, wie er es nannte, weiter.

Ein Ausschnitt vom Heinrich-Heine-Monument von Bert Gerresheim. Zum 125. Todestag wurde es am Schwanenmarkt enthüllt. Als Vorlage diente dem Künstler die Totenmaske von Heinrich Heine.

**Er starb am 17. Februar 1856 in Paris und wurde auf dem berühmten Friedhof Montmartre beerdigt.
Kaiserin Elisabeth von Österreich sagte über Heinrich Heine:
„Heine ist von den meisten anderen Dichtern verschieden, weil er alle Scheinheiligkeiten verachtet, er zeigt sich stets als der, welcher er ist, mit allen menschlichen Eigenschaften und allen menschlichen Fehlern."**

In der Bilker Straße 12–14 befindet sich das Heinrich-Heine-Institut. Es besteht aus einem Archiv, einer Bibliothek und einem Museum, das Zeugnisse zum Leben und Werk von Heinrich Heine ausstellt. Das Heinrich-Heine-Institut ist auch ein Veranstaltungsort und Sitz der Heinrich-Heine-Gesellschaft.

Emma, Mercur und auch der Teufel klatschten Beifall, als der Heinzel das Gedicht beendet hatte. Er war ein guter Schauspieler und Vortragskünstler. Er wurde etwas verlegen und sagte schnell:

„Jetzt gehen wir in die Citadellstraße. Da ist nämlich die Max-Schule, in die Heinrich Heine und sein Freund Wilhelm, der beim Kätzchenretten ertrunken ist, gegangen sind und Frau Hindermans die Kinder mit der Rute geprügelt hat. Die Max-Schule ist bei der Maxkirche oder wenn ihr es genau wissen wollt, bei der Altstadt-Pfarre St. Maximilian. Da kamen auch die Kinder her, mit denen wir nach Schloss Burg gefahren sind."

Die Max-Schule in der Citadellstraße

„Eine alte Schultafel, eine Schiefertafel. Aber die sieht nur so aus. Sie ist aus Bronze, glaube ich. Da steht auch was drauf", sagte Emma, als sie vor der Max-Schule standen. Dann las sie laut vor: „An dieser Stelle besuchte Heinrich Heine – als Schüler Harry Heine – vor 1807 unsere Schule."

„Zweiter Stock, Raum 202, da ist das Schulmuseum. Das gucken wir uns jetzt an", bestimmte der Heinzel. Sie stiegen die Treppen hoch. Unterwegs begegneten sie etlichen Kindern. Der Teufel konnte es nicht lassen, ihnen seine glutrote Zunge herauszustrecken und mit seinen Teufelshörnern und dem Schwanz zu drohen. Als sie oben waren, drückte der Heinzel die Klinke zum Raum 202 herunter. Doch die Tür ließ sich nicht öffnen. Dann trat der Teufel in Aktion. Er riss an der Klinke wie ein Wahnsinniger, stemmte sich gegen die Tür und trat dagegen, aber es nutzte nichts. Sie blieb zu.

„Hör auf! Hier lies mal“, sagte Emma und hielt dem Teufel einen gelben Zettel unter die Nase. Er riss ihn an sich, drehte ihn von oben nach unten und von rechts nach links, zerknüllte ihn, warf ihn auf den Boden und trampelte darauf herum. „Ich kann mit solchem Zeugs nichts anfangen“, brüllte er dann.

Emma entschuldigte sich. Sie hatte vergessen, dass der Teufel nicht lesen konnte und wollte ihn nicht blamieren. Dann bückte sie sich, hob den Zettel auf, strich ihn glatt und las: Historisches Klassenzimmer. Es besteht die Möglichkeit, das historische Klassenzimmer mit kleinem Schulmuseum in der Max-Schule zu besichtigen. Wir freuen uns auf Ihren Besuch. Bringen Sie Freunde und Bekannte mit! Terminanmeldung unter 0211/41 05 42 ... Laut sagte sie: „Könnt ihr knicken, ohne Anmeldung kommen wir hier nicht rein.“

„Schade! Ich hätte so gerne gewusst, wie so ein altes Klassenzimmer aussieht“, sagte Mercur ehrlich enttäuscht.

Klassenzimmer im Schulmuseum in der Max-Schule. Die Schüler mussten anständig und gerade nebeneinander sitzen und die Hände geschlossen auf den Schultisch legen. Die Füße mussten parallel auf dem Boden stehen. Bei der Antwort mussten die Schüler aus der Bank treten und in vollständigen Sätzen antworten. Bücher mussten auf das Kommando „Eins, zwei, drei“ herausgeholt oder weggepackt werden.

„Für den Lehrer war das Wichtigste im Klassenzimmer der Rohrstock. Schon beim geringsten Mucks kam er zum Einsatz. Die Schläge prasselten entweder auf den Po nieder oder auf die Finger. Das tat weh. Nä, nä, nä, das machte aua aua! Oh weh, oh weh, oh weia“, sagte der Heinzel. „Nicht schön, nicht schön. Sei froh, dass du da nicht hingehen musstest“, ergänzte er noch. Dann sagte der Heinzel noch einen Abzählvers auf:

„A B Poppelapp
De Lehrer hät en't Hemp gekackt,
A B buh,
Dat Döppe, dat bes du!"

Am Wichtigsten im Klassenzimmer waren das Kruzifix, das Bild vom Kaiser und seiner Frau und ein Instrument, auf dem der Lehrer den Gesang der Schüler begleiten konnte.

Sie gingen nun die Treppen wieder hinunter. Auf dem ersten Stock wäre der Teufel beinahe von einer Horde Jungen über den Haufen gerannt worden und natürlich rastete er wieder aus. Als sie schließlich auf der Straße standen, ordnete der Heinzel wieder an, wo es langging: „Zum Stadtmuseum! Das ist nur einen Katzensprung entfernt."

Die Citadellstraße

Die Citadellstraße hat ihren Namen von der Festung, die Herzog Wilhelm der Reiche um 1550 im Süden der Stadt anlegen ließ. Solch eine Festung wurde auch Zitadelle* genannt. Der südliche Abschluss der Festung war das Berger Tor. Es wurde 1895 abgerissen. Die Häuser in der Citadellstraße wurden vor etwa 300 bis 350 Jahren erbaut. Weil die Straße kaum zerstört wurde, hat sie bis heute ihr ursprüngliches Gesicht bewahren können.

Das Berger Tor kurz vor seinem Abriss.

Das Stadtmuseum in der Villa der Grafen von Spee

Es war wirklich nicht weit zum Palais der Grafen Spee, in dem heute das Stadtmuseum seine Sammlung zeigt. Sie gingen in die Abteilung Vor- und Frühgeschichte und blieben vor drei Töpfen aus der Eisenzeit stehen. Sie waren aus Ton.

„Warum bleiben wir vor solchen ollen Töpfen stehen? Es gibt bestimmt Interessanteres hier", sagte Emma.

„Solche Töpfe hatten den Zweck, die Asche von Verstorbenen aufzunehmen", erklärte Mercur.

„Verstehe", sagte Emma. „Bei uns gibt es dafür Urnen."

Das Spee'sche Palais aus der Zeit des Barock zählte zu den größten Adelspalästen der Stadt. 1963 zog das Stadtmuseum mit seiner Sammlung von Objekten zur Geschichte der Stadt Düsseldorf ein.*

Dann sahen sie sich sechs Beile aus der Bronzezeit an. Natürlich blieb Mercur auch bei den Funden aus der Römerzeit stehen. Es waren Öllampen, Becher, Armreifen und Salbfläschchen, sogar eine römische Amphore* und eine Käseschüssel ausgestellt.

Nachdem Mercur ihnen einen ziemlich langen Vortrag über die einzelnen Sachen gehalten hatte, gingen sie zur Abteilung „Vom Dorf zur Residenz" weiter. Sie blieben vor einem Modell stehen, das Düsseldorf um das Jahr 1288 zeigte. Viel interessanter aber war das Modell vom Schloss um das Jahr 1585, an dem sie länger stehen blieben. Es war eine mächtige Anlage mit drei Gebäudeteilen, einem geschlossenen Innenhof und einem auffallenden Turm, der bis heute von der gesamten Schlossanlage übrig geblieben ist.

Plan der Festung um 1567 mit dem Schloss und der Zitadelle rechts.*

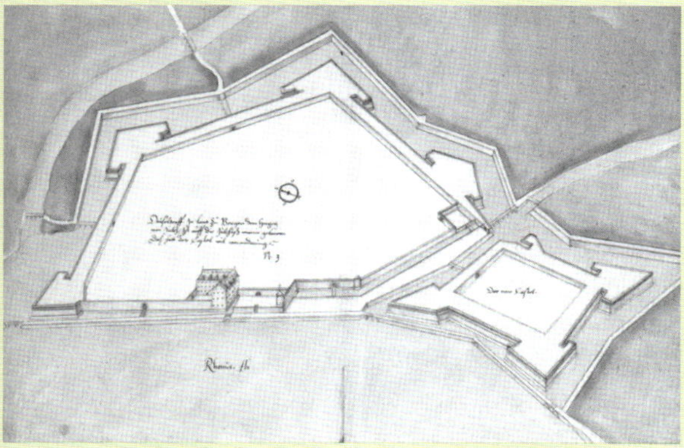

Dann entdeckte der Heinzel Trinkgefäße und Kannen aus Steinzeug, die zum Teil zerbrochen waren und auf einem sandigen Untergrund lagen. Auch die Schalen von Austern lagen dazwischen. Austern waren damals der pure Luxus und sie rätselten, was das zu bedeuten hatte. Dann las Emma, dass die Sachen aus einer Latrine im Schloss stammten. Sie diskutierten heftig, was eine Latrine überhaupt ist. Ist es ein Plumpsklo? Oder ist es eine Grube für Abfälle? Sie einigten sich, dass es beides sein kann. Aber wie waren diese Sachen dort hineingeraten? Was war

links: Tontöpfe aus der Eisenzeit mit Leichenbrand. Die Toten wurden verbrannt und die Asche in Tontöpfen aufbewahrt.

rechts: Römische Käseschüssel. Durch die Löcher floss die überschüssige Molke ab. Danach wurden die Käse-Laibe geformt, in Salzlake gebadet und in einem kühlen Raum gelagert, bis sie reif zum Essen waren.

passiert? Die Erklärung stand auf einem Zettel. Die Sachen landeten wohl nach einer großen Feier in der Latrine. Mit dieser Erklärung waren sie nicht zufrieden. Aber wen konnten sie fragen? Wer wusste Genaueres?

Als der Heinzel die Bodenfliesen aus dem Schloss entdeckte, war er sehr enttäuscht. Einen Fußboden in einem Schloss hatte er sich prachtvoller vorgestellt. Aber wer weiß, in welchem Teil des Schlosses sie mal verlegt waren.

Sie gingen in den nächsten Raum. Früher war hier die Durchfahrt für die Kutschen. Als Mercur die drei Steinfiguren sah, die aus dem Hofgarten stammen, hielt er sofort einen Vortrag über Flora, die Göttin des Frühlings. Danach über Ceres, Göttin des Ackerbaus, die Ähren im Arm hält und neben der ein kleiner Putto steht. Der Teufel erinnerte sich sofort an sein Erlebnis mit den Putten* in Schloss Benrath und wartete gespannt darauf, ob auch dieser Putto zu ihm spricht. Aber

Die Göttin Ceres ist die Göttin des Ackerbaus und verkörpert den Sommer. Deshalb liegen Ähren zu ihren Füßen und sie hält eine Sense in der Hand.

Johann Wilhelm, genannt Jan Wellem (1658–1716), Kurfürst von der Pfalz und Herzog von Jülich und Berg. Gemälde von Jan Frans van Douven (1656–1727).

er blieb stumm. Dann sprach Mercur noch über Bacchus, den Gott des Weines. Der Teufel konnte die langen Erklärungen kaum mehr aushalten und trat von einem Fuß auf den anderen, wobei sein Pferdefuß immer besonders laut zu hören war.

Sie hatten noch viel im Erdgeschoss zu besichtigen und dann wartete noch das Obergeschoss. Aber dazu kam es gar nicht mehr. Nachdem sie noch vier Räume durchwandert hatten, gelangten sie in den Raum, in dem alles mit Jan Wellem zu tun hatte. Sie betrachteten ausgiebig das Ölgemälde, das den Kurfürsten* von der Pfalz und den Herzog von Jülich und Berg zeigte. Es war von dem niederländischen Maler Jan Frans van Douven gemalt, den Jan Wellem an den Düsseldorfer Hof geholt und zum Hofmaler gemacht hatte.

Emma entdeckte noch einen Brief von Jan Frans van Douven, den er am 20. April 1693 mit Tusche auf Papier an Jan Wellem geschrieben hat. Darin berichtet er, dass er Bilder von Rubens und Breughel für die Kunstgalerie* des Kurfürsten gekauft hat. Sie entdeckten auch noch ein anderes Gemälde von Jan Wellem, aber dann platzte dem Teufel endgültig der Kragen: „Das kann doch kein Mensch alles angucken. Das ist doch viel zu viel. Mir schwirrt der Kopf. Meine Füße tun weh. Das ist mir viel zu anstrengend. Man kann sich gar nicht setzen. Es ist auch so dunkel hier. Mir tut der Nacken weh, weil alles so hoch hängt. Ich will jetzt hier raus."

Den anderen ging es genauso. Es war zu viel für einen Besuch. Als sie wieder draußen waren, gingen sie in den Spee'schen Park, in die kleine Grünanlage hinter dem Museum. Dort begegneten sie einer stehenden Figur aus Stein. Es war „die Ey", eine rebellische Kämpferin für die Kunst.

„Wenn ‚die Ey‘ sprechen könnte. Die hätte uns viel aus ihrem Leben zu erzählen. Aber sie ist ja aus dunklem Basaltlavastein gemeißelt“, sagte Emma.

Mutter Ey

Johanna Ey wurde 1864 geboren. Nachdem sie zwölf Kindern das Leben geschenkt hatte, kam sie nach Düsseldorf. Sie verkaufte in der Ratinger Straße 45 Kuchen und Teilchen für fünf Pfennige und Kaffee für zehn. Das sprach sich schnell herum. Bald wurde der Laden Treffpunkt von Malern der nahe gelegenen Kunstakademie, von Schauspielern, Opernsängern und Journalisten. Johanna hatte für alles ein offenes Ohr und wenn die Künstler kein Geld hatten, durften sie auch mit einem Bild bezahlen. Diese Möglichkeit nahmen die Kunststudenten, die meistens kein Geld hatten, nur zu gerne wahr. Bald hatte „Mutter Ey“ mehr Bilder als Kuchen im Laden.
Als ihr Laden zu Beginn des Ersten Weltkrieges geschlossen wurde, eröffnete sie einen Kunsthandel mit Bildern von Malern der Düsseldorfer Kunstakademie. Später wurde ihre Galerie* zum Mittelpunkt der Künstlergruppe „Das Junge Rheinland“. Hier diskutierten die Maler über fortschrittliche Kunst, schmiedeten Pläne, zeichneten und malten in einem neuen Stil, dem Expressionismus*. Unter ihnen waren auch so bekannte Künstler wie Max Ernst, Otto Dix oder Jankel Adler. Unter dem Druck, dass die Nationalsozialisten* die Kunstwerke immer heftiger anfeindeten und sie als „entartet“ bezeichneten, gab sie ihre Galerie auf. Viele Künstler wurden verfolgt, gefoltert, ins Exil* getrieben oder getötet. Ihre Werke wurden meist vernichtet. Manchmal gelang es auch, sie rechtzeitig zu verstecken oder ins Ausland zu bringen. Nach dem Zweiten Weltkrieg wollte Johanna Ey neu beginnen, doch es gelang ihr nicht. Die Zeiten hatten sich geändert.

Bild von „Mutter Ey“ an einer Hausfassade gegenüber der Andreaskirche, in deren Nähe sich die Galerie von Johanna Ey befand.

„Alte Frau im Sessel" von Waldemar Otto im Spee'schen Park hinter dem Stadtmuseum.

„Unter den Bäumen sitzt 'ne alte Oma im Sessel. Die ist aus Bronze", sagte der Teufel, ging auf das Denkmal zu und setzte sich dann auf den Schoß der Oma, so wie er es auch beim Schneider Wibbel gemacht hatte. Dann umschlang er ihren Kopf und flüsterte ihr etwas ins Ohr. Natürlich so leise, dass niemand es verstehen konnte. Ein feiner Herr im Anzug blieb stehen und rief erbost: „Auf Kunstwerken klettert man nicht herum. Runter da!" Aber den Teufel interessierte das überhaupt nicht. Er rutschte weiter auf der alten Frau herum. Erst als der Heinzel zum Abmarsch in Richtung Spee'schen Graben rief, kletterte er hinunter.

Spee'scher Graben

Als die Befestigungsanlagen um die Stadt 1801 geschleift wurden, hatten drei Männer eine Idee: Hofbaumeister Caspar Anton Huschberger, Gartenbaudirektor Maximilian Friedrich Weyhe und Baudirektor Adolph von Vagedes. Sie wollten anstelle der Befestigung Parks und Grünflächen anlegen und Düsseldorf zu einer Gartenstadt machen. Die Parkanlage um den Spee'schen Graben bildete den Abschluss der Parks, die vom Hofgarten über die Königsallee und den Schwanenspiegel reichen.

Düsseldorf unter preußischer Herrschaft

„Richtung Schwanenspiegel und Kaiserteich und dann zur Königsallee", befahl der Heinzel. Und als sie die Berger Allee entlang gingen, schrie er plötzlich los:

„Sie küssen sich, sie küssen sich. Da oben, das Liebespaar auf der Litfaßsäule. Wie schön. Wie romantisch. Da oben ganz alleine."

„Quatsch! Das ist kein echtes Liebespaar. Das sind Figuren", sagte Emma und blinzelte nach oben.

„Gar keine Figuren. Die sind echt!", beharrte der Heinzel.

„Nein", meldete sich Mercur. „Die sind nicht echt. Sie sehen nur ziemlich echt aus. Vielleicht sind sie aber nach echten Menschen geformt worden."

„Kannst du nicht mal Geschichten erzählen", fragte Emma.

„Kann ich“, antwortete der Heinzel, „aber erst auf der Kö.“

„Kenn ich nicht. Was ist Kö?“, mischte sich der Teufel ein.

„Du bist blöd“, sagte der Heinzel gereizt. „Hab ich doch eben gesagt. Überleg doch mal. Ist ‘ne Abkürzung.“

„Was fällt dir ein, mich als blöd zu bezeichnen, du Furzknoten.“

„Hört auf jetzt“, fuhr Emma dazwischen. „Kö ist die Abkürzung für Königsallee“, sagte sie dann zum Teufel.

„Säulenheilige“ hat der Künstler seine lebensgroßen Figuren aus Kunststoff genannt. Christoph Pöggeler hat Menschen dargestellt, die er aus ihrem Alltag herausgehoben und auf die Litfaßsäule gestellt hat.

„Aha! Gut. Gehen wir dahin“, sagte der Teufel versöhnlich. Am Schwanenspiegel war es schön, das Wasser kräuselte sich leicht und es schwammen wirklich Schwäne umher. Auch Enten waren auf dem Wasser oder watschelten am Ufer entlang.

Beschluss auf dem Wiener Kongress

Nach dem Ende der Herrschaft Napoleons trafen sich von 1814 bis 1815 die europäischen Fürsten in der österreichischen Hauptstadt Wien zu einem Kongress. Sie wollten die politischen Verhältnisse in Europa neu ordnen. Ein Beschluss legte fest, dass das Herzogtum Berg mit der bisherigen Hauptstadt Düsseldorf und das gesamte Rheinland zum preußischen Königreich gehören sollten.

„Setzt euch mal hier auf den Rasen und hört mir zu“, sagte der Heinzel dann.

„Nee“, protestierte Emma. „Hier ist immer Hundekacke.“

Sie fanden eine Bank. Und als sie alle saßen, begann der Heinzel vom preußischen Königreich zu sprechen, zu dem Düsseldorf ab 1815 gehörte.

„Im April 1815 nahm Friedrich Wilhelm III., König von Preußen, das Rheinland in Besitz. Aber die Düsseldorfer machten sich Sorgen, was aus ihnen werden sollte und wie es nun weiterginge. Sie wollten unbedingt Hauptstadt der neuen Rheinprovinz werden. Aber das klappte nicht. Dann wollten sie Universitätsstadt werden. Aber das klappte auch nicht. Düsseldorf wurde nur Hauptstadt eines Regierungsbezirks und war nun eine unbedeutende Landstadt mit rund zwanzigtausend Ein-

Prinz Friedrich von Preußen auf einer Zeichnung im Jahr 1822.

wohnern. Die Preußen waren den Düsseldorfern auch nicht sympathisch. Sie waren evangelisch und machten die Stadt zur Beamtenstadt und zum Standort einer Truppe, die Sitz des Kommandeurs der 14. Division war. Es kamen immer mehr Soldaten in die Stadt, die auf dem Exerzierplatz neben der Königsallee strammstehen und marschieren mussten. Sie wurden vom Neffen des Königs, Prinz Friedrich von Preußen, kommandiert. Der Prinz residierte in Schloss Jägerhof und das fanden die Düsseldorfer wiederum schön, weil es sie an frühere Zeiten erinnerte, als Düsseldorf noch Residenzstadt* war und fürstlich Hof gehalten wurde.

Man lebte nicht schlecht in Düsseldorf, billig und geruhsam. Die Stadt war schön und es gab viele Parks und Gärten. Das hat auch Heinrich Heine im Jahr 1826 so empfunden und geschrieben:

‚Die Stadt Düsseldorf ist sehr schön, und wenn man in der Ferne an sie denkt und zufällig dort geboren ist, wird einem wunderlich zu Mute. Ich bin dort geboren und es ist mir, als müsste ich gleich nach Hause gehen …'"

links: Blick auf Königsallee, Exerzierplatz und Kasernen, um 1875.

rechts: Schloss Jägerhof um 1850 mit den 1828 errichteten Seitenflügeln.

„Ich finde Düsseldorf auch schön. Das ist doch wunderbar hier. Die geschwungenen Ufer, und die Halbinsel zwischen Schwanenspiegel und Kaiserteich. Das ist wirklich harmonisch. Es ist wie ein Stück Natur mit den alten Bäumen", überlegte Mercur.

„Das sind Eschen, Linden, Ahorne und Kastanien. Ich kenne mich mit Bäumen aus", sagte Emma belehrend. Die anderen schauten sie erstaunt an. Upps, dachte sie, jetzt rede ich schon so wie Mercur. Eine kurze Pause entstand, dann fuhr der Heinzel ungerührt fort:

Der Brunnen für Vater Rhein und seine Töchter

Der Brunnen vor dem Eingang des Ständehauses entstand 1884, als Kaiser Wilhelm I. und seine Frau Augusta Düsseldorf besuchten. Im Vater Rhein ist die preußische Rheinprovinz als Person dargestellt, die Töchter zu seinen Füßen stellen die schiffbaren Nebenflüsse des Rheins Ruhr, Ahr, Mosel und Lahn dar.

„Das hat der Gartenbaumeister Maximilian Friedrich Weyhe wirklich sehr gut gemacht, dass er 1819 den Park anlegte. Kann man sich doch gar nicht mehr vorstellen, dass hier mal dicke Festungsmauern standen und der Schwanenspiegel aus dem Wassergraben vor den Mauern entstanden ist. Unsere nächste Station ist der Bergische Löwe am Ende der Kö", ergänzte er noch. Der Teufel war rubbeldiekatz weg. Er war ohnehin schon unruhig geworden und kurz davor, dem Heinzel über den Mund zu fahren.

„Ich hab' ganz vergessen, was zum Ständehaus und zum Vater-Rhein-Denkmal zu sagen", fiel dem Heinzel ein. Aber sie waren schon auf dem Weg zur Königsallee.

Das Ständehaus und die K21

Das Ständehaus wurde für den alten preußischen Provinziallandtag des Rheinlandes im Stil des Historismus errichtet (1876–1880). Diese Stil ahmte Baustile früherer Epochen nach, hier den der italienischen Hochrenaissance*. Der galt als besonders Respekt einflößende Architektur. Im Jahr 1949 bezog der Landtag von Nordrhein-Westfalen das Gebäude, bis er 1988 in das neue Landtagsgebäude am Rhein umzog. Das Ständehaus wurde renoviert und erhielt ein neues Glasdach. Heute ist hier zeitgenössische Kunst der Kunstsammlung Nordrhein-Westfalen ausgestellt. Deshalb auch der Name: K21 – Kunst des 21. Jahrhunderts.

Der Bergische Löwe

„Habe ich das richtig verstanden? Wirklich fünfundvierzigtausend? – Fünfundvierzigtausend Autos an einem Tag fahren hier über den Platz?", fragte Mercur den Heinzel ungläubig.

„Der GAP ist eben ein absoluter Verkehrsknotenpunkt. Hier steht auch GAP 15, das neue Wahrzeichen von Düsseldorf, der riesige verglaste Büroturm", warf Emma ein.

„Aber vor hundert Jahren war es schön hier. Ein nettes Plätzchen mit Pferdedroschken und Pferdebahnen und den Bahnhöfen der Köln-Mindener und der Bergisch-Märkischen Eisenbahn."

„Was ist denn GAP überhaupt?", fragte Mercur nach.

„Graf-Adolf-Platz", antwortete der Heinzel.

Als sie an der Königsallee ankamen, sahen sie den Teufel auf dem Sockel aus hartem Granit des Bergischen Löwen sitzen. Er beschäftigte sich mal wieder mit sich selbst. Er pulte in seinem Pferdefuß herum und piddelte den Dreck aus seiner Schwanzquaste. Und natürlich spuckte er auch mal wieder in der Gegend herum.

Der Bergische Löwe am südlichen Ende der Kö.

„Na, du Höllekenk, du Kratzbösch!", begrüßte ihn der Heinzel.

Der Teufel sagte nichts, aber er sprang blitzschnell vom Sockel und zog dem Heinzel eins über. Der erschrak sich fürchterlich und fing augenblicklich an zu schreien und verwünschte den Teufel mit Worten, die man besser nicht aufschreibt. Emma war sauer über das Gezanke von Heinzel und Teufel. Das kann noch heiter werden, dachte sie. Aber es wurde dann gar nicht heiter, denn der Heinzel begann nun, vom Löwen zu erzählen und stellte dazu Fragen.

„Wann wurde dieser Löwe aus Bronze hier aufgestellt. Ich meine, wann ist der gemacht worden? 1916 oder 1937 oder 1963?"

„Woher sollen wir das wissen?", äußerte sich Mercur, der das Tier eingehend betrachtete. Emma und der Teufel stimmten ihm zu.

„Mit euch kann man kein Ratespiel machen. Also gut, der Löwe steht hier seit 1963. Aber davor wurden schon mal zwei andere hier

Das Düsseldorfer Stadtwappen

Das Stadtwappen von Düsseldorf zeigt in einem silbernen Schild einen aufgerichteten roten Löwen mit zwei Schwänzen, blauen Krallen und einer blauen Krone. Er ist das Wappentier der Herzöge von Berg. Er hält einen Anker in seinen Pranken, der für das Fischerdorf an der Düssel steht.

aufgestellt, und zwar 1916 und 1937", erklärte der Heinzel. „Deshalb solltet ihr raten."

„Als ob das so wichtig ist", murmelte Emma fast unhörbar. Aber der Heinzel hatte es trotzdem verstanden und ereiferte sich: „Natürlich ist der Löwe wichtig! Er ist das Wappentier von Düsseldorf. Er ist im Wappen! Mit zwei Schwänzen und er hält einen Anker fest. Aber dieser Löwe hier, der hat nur einen Schwanz. Und das ist falsch!"

„Und warum hat der Löwe im Wappen zwei Schwänze und dieser hier nur einen?", fragte der Teufel und ließ seinen eigenen Schwanz fallen.

„Weiß man nicht so genau. Vielleicht weil zwei Herrscherhäuser, die den Löwen im Wappen führten, sich vereinigt haben", antwortete der Heinzel. „Und warum dieser Löwe nur einen hat, weiß ich auch nicht."

Wenn ich zwei Schwänze hätte, dachte der Teufel, könnte ich Mercur und dem Heinzel gleichzeitig eins überziehen, oder Emma und dem Heinzel, oder ...

Die Königsallee

Sie gingen von Süden auf der Westseite der Königsallee entlang.

„Die ‚Kö' ist einen Kilometer lang und mit etwa hundertzwanzig Kastanienbäumen und Platanen bepflanzt. Sie hat nicht zwei, sondern vier Gehwege. Je zwei entlang des Grabens, der über dreißig Meter breit, fünf Meter tief und fast tausend Meter lang ist. Über die ‚Kö' führen drei Brücken."

Geschichte der Königsallee

Als die französische Besatzung abgezogen war, wurden 1801 die Festungsanlagen von Düsseldorf abgebrochen. Auf den freigewordenen Flächen entstand ein grüner Ring um die Stadt, der im Süden mit dem Park um das Ständehaus, im Norden m dem Hofgarten und im Osten mit der Königsallee abschloss. Zu dieser Zeit hatte Düsseldorf etwa 16 000 Einwohner. Von 1802 bis 1804 wurde die Allee angelegt, die wegen der gepflanzten Bäume Kastanienallee genannt wurde. Das Besondere an der Prachtstraße ist der 580 Meter lang und 32 Meter breite Stadtgraben. Der ihn speisende Neptunbrunnen bezieht sein Wasser aus der Düssel. Um beim preußischen König Friedrich Wilhelm IV. Gefallen zu finden, benannten die Düsseldorfer sie 1851 in Königsallee um. 25 Jahre später rollten die ersten Pferdebahnen über die „Kö" und 1900 die erste elektrische Straßenbahn. 1902 verschönerte ma den Stadtgraben an der Schadowstr ße mit der Tritonengruppe* im Norden. Am Südende wacht der Bergische Löwe. Von 1907 bis 1909 wurd der heutige „Kaufhof an der Kö" gebaut und in mehr als hundert anderen Geschäften konnte man feine und teure Waren kaufen. In der Zeit des Zweiten Weltkriegs fielen Brand und Sprengbomben auf die Allee un zerstörten viele Häuser. Als der Krie vorüber war, baute man alles wiede auf. Dabei legte man auch die Straßenbahn still. Schon bald wurde die Kö wieder eine beliebte Prachtstraß die 1985 nochmals neu gestaltet wurde. Jedes Jahr finden Veranstaltung auf der Kö statt: der Bücherbummel, der Kö-Lauf und das Radrennen „Rund um die Kö". Am Karnevalssonntag ist die Kö in der Hand des nic organisierten Straßenkarnevals, und auch der Rosenmontagszug führt a ihr entlang.

Die „Kö" 1935. Nach dem Zweiten Weltkrieg wurde die Straßenbahn stillgelegt.

Beim Radrennen „Rund um die Kö" können Kinder von 4 bis 8 Jahren am „Fette Reifen"-Rennen teilnehmen. Sie müssen eine Runde von 1,1 Kilometer fahren.

„Hör doch mal auf. Das ist doch langweilig. Außerdem sagst du alles doppelt. Zuerst sagst du, die ‚Kö' ist einen Kilometer lang und dann sagst du, sie ist tausend Meter lang", sagte Emma. „Außerdem wolltest du uns eine Geschichte erzählen."

Der Heinzel war beleidigt. Zuerst sagte er gar nichts mehr, aber dann besann er sich und begann:

Pfeifkonzert und fliegende Pferdeäpfel – Empfang für den König

Es waren unruhige Zeiten, als König Friedrich Wilhelm IV. von Preußen seine Reise von Berlin an den Rhein antrat, um nach Köln zu fahren. Auf dem Weg wollte er noch seinen Vetter und Schwager Prinz Friedrich von Hohenzollern besuchen, der im Schloss Jägerhof in Düsseldorf residierte. Lange hatte man im Rathaus überlegt, ob man den König überhaupt begrüßen sollte. Er hatte sich nicht nur in Düsseldorf Feinde gemacht, denn er wollte alle Schriften verbieten, wenn sie sich gegen ihn und seine Regierung richteten. So hatte er auch Angst vor Demonstrationen und verbot alle Versammlungen. Doch die Bürger forderten Gerechtigkeit für alle und ein menschenwürdiges Leben, sie wollten ihre Meinung frei sagen dürfen, sich versammeln und endlich soziale Reformen. Hinzu kam die Hoffnung auf eine deutsche Einheit.

Schließlich entschied der Stadtrat im Rathaus, dass man den König am Bahnhof der Köln-Mindener Eisenbahn am heutigen Graf-Adolf-Platz empfangen wollte. Als der Kaiser eintraf, stieg er mit Prinz Friedrich in eine offene Kutsche, die ihn zu Schloss Jägerhof bringen sollte. Als sie die Kastanienallee entlangfuhren, standen die Menschen dicht gedrängt. Manche jubelten dem König zu, andere empfingen ihn mit Buhrufen, Schreien, Pfiffen, Gegröle und Trillerpfeifen. Plötzlich flog ein Pferdeköttel in die königliche Kutsche und landete auf dem Anzug des Königs. Er kam aus der wütenden Menge und angeblich hatte ein Junge ihn geworfen. In der Kutsche wischte der Prinz persönlich dem König den Pferdemist vom Anzug. Man empörte sich über diesen Anschlag und damit nicht noch ein Zwischenfall passierte, fuhr die Kutsche nun schneller zum Schloss Jägerhof. Hier gab es ein Festessen und danach setzte der König seine Reise nach Köln in einem Sonderzug fort.

Bald wussten alle Düsseldorfer vom Pferdeapfel-Attentat. Auch die preußischen Soldaten. Sie waren empört und gingen mit gezücktem Säbel gegen die Bürger vor. Da bewaffneten sich auch die Düsseldorfer und schließlich fielen im Gedränge Schüsse, die drei Soldaten und einen Zivilisten tödlich trafen. Nun galt Düsseldorf als Hauptherd der Gesetzlosigkeit und Unordnung in der Rheinprovinz. Prinz Friedrich verließ die Stadt unter Protest und zog nach Berlin um. Dem Düsseldorfer Stadtrat war die ganze Sache mit dem Pferdeköttel höchst peinlich. Er entschuldigte sich dafür beim König und auch bei Prinz Friedrich. Um den König gnädig zu stimmen, benannten sie die Kastanienallee in Königsallee um.

„Wo sind denn jetzt die Luxusgeschäfte hier auf der Kö?“, fragte Mercur den Heinzel ganz ungeduldig. „Du weißt doch, dass ich wie alle Römer den Luxus liebe. Ich liebe Parfüm. Ich liebe Schmuck, Gold und Juwelen. Ich liebe feines Schuhwerk aus geschmeidigem Leder. Ich liebe die Mode, Gewänder aus feinsten Stoffen und seidigen Fäden. Ich liebe lichtdurchflutete Geschäfte, Galerien und Passagen, die mit Marmor und Gold ausgestattet sind.“

„Ich liebe den Gestank. Ich liebe klobige, hornige Pferdefüße. Ich liebe harte, kratzige Hornpanzer. Ich liebe verbrannte Erde und rauchige Höllenschlünde“, äffte der Teufel Mercur nach, aber so leise und von ihm abgewandt, dass er ihn nicht verstehen konnte.

„Jetzt hör mal auf mit deinem Luxus. Weißt du, wie teuer die Sachen in den Geschäften hier sind? Was die Mode kostet, die Schuhe oder der Schmuck und das Parfüm? Das kann sich doch kein normaler Mensch leisten!“, ereiferte sich der Heinzel.

Aber Mercur hob nur die Schultern und schaute von oben herab auf den Heinzel. Dann sagte er: „Carum est, quod rarum est.“

„Du sollst so sprechen, dass wir es verstehen können. Latein ist nicht unsere Sprache. Also übersetze!“, schrie Emma aufgebracht. Mercur schwieg eine Weile. Dann lieferte er die Übersetzung und schob gleich noch zwei lateinische Sprüche samt Übersetzung hinterher:

„*Carum est, quod rarum est* – teuer ist, was selten ist. *Dat census honores* – Reichtum bringt Ansehen. *Pecunia non olet* – Geld stinkt nicht. Und übrigens wollte ich noch sagen, dass ich auch Sklaven liebe, die mich bedienen und nach meinem Willen handeln.“

Café auf der Kö.

„Bist du verrückt – oder was? Sklaven, Abhängige, Menschen ohne Rechte? Was glaubst du, was in meiner Zeit dafür gekämpft wurde, dass alle Menschen die gleichen Rechte haben, Reiche wie Arme, und dass jeder ein selbstbestimmtes, menschenwürdiges Leben führen kann. Ich hätte nie gedacht, dass du so denkst“, ereiferte sich der Heinzel.

„Ich bin jetzt mal weg“, war die Antwort von Mercur, und er erhob sich sachte in die Luft und bald war nur noch ein Flügel an seinem Fuß zu sehen.

Blick auf den Kö-Graben.

Neuzeit

„Das hätte ich nicht von Mercur gedacht, dass der Sklaverei gut findet und den Luxus und so über Geld redet. Aber daran kann man sehen, wie Götter so sind! Etwas Besseres, hochnäsig und eingebildet – eben nicht wie normale Menschen“, empörte sich Emma. Sie gingen die Kö entlang und kamen bald an den Luxusgeschäften für Schuhe, Kleidung und Schmuck, den Cafés und Pralinengeschäften vorüber.

„Guckt mal, die landen alle bei uns Teufeln. Soll mir recht sein“, sagte der Teufel plötzlich und zeigte auf die eleganten Leute, die mit ihren großen Einkaufstüten eilig die Kö entlang liefen oder an den Tischen der Straßencafés saßen und aus großen Eisbechern löffelten. „Nichtstuer sind das. Faul sind die, eitel, stolz und unmäßig. Wahrscheinlich auch geizig und habgierig. Sie begehen eine Sünde* nach der anderen. Ich sehe ihnen das an. Die landen alle bei uns Teufeln in der Hölle. Und dann jammern sie.“

„So ein Quatsch“, sagte Emma und schüttelte den Kopf. „Die Düsseldorfer landen in der Hölle! Blödsinn! Das kannst du denen gar nicht ansehen und weil sie hier sitzen und Eis essen, sind sie doch nicht faul und unmäßig. Und weil sie hier ‘was einkaufen, sind sie nicht habgierig oder geizig. Außerdem kaufen die wenigsten Düsseldorfer hier ein. Hier shoppen jeden Tag hunderttausend reiche Leute aus aller Welt. Die Kö ist international“, wusste Emma.

„Geld regiert die Welt“, stellte der Heinzel fest. „Drüben auf der anderen Seite der Kö sind die Banken. Da holt man sich das Geld. Dann gibt man es in den Geschäften aus. Und durch die Geschäftsleute kommt es wieder auf die Bank. Das ist der Geldkreislauf auf der Kö. Düsseldorf ist der Top Bankenplatz für Nordrhein-Westfalen. Hier ist auch die Börse* und die Hauptverwaltung der Deutschen Bundesbank, möchte ich mal sagen.“

In den Schadow Arkaden.

„Das interessiert mich nicht", sagte der Teufel und auch Emma hatte keinen Spaß am Thema Finanzplatz Düsseldorf. Nun waren sie am Eingang der Kö-Galerie angekommen.

„Sollen wir mal hineingehen?", fragte der Heinzel. Alle waren dafür und so gingen sie an den Geschäften mit modischer Bekleidung, Schmuck und Einrichtungsgegenständen vorbei bis in die Mitte. Und dort passierte es dann. Ein gut gekleideter Herr trat auf die drei zu und bat sie höflich, die Kö-Galerie zu verlassen. „Das können wir unseren Kunden nicht zumuten", sagte er und wollte sie zum Ausgang begleiten. Aber er hatte nicht mit dem Teufel gerechnet. Er stemmte einen Teufelsarm in die Hüfte, fasste nach seinem Schwanz, ließ ihn kreisen und schrie mit zornerfüllter Stimme: „Wir bestimmen selbst, wann wir die Kö-Galerie verlassen." Dem Herrn im Anzug war das ungemein peinlich und er wusste nicht, was er machen sollte. Er versuchte es in einem anderen Ton, aber auch diesmal gab ihm der Teufel solche lauten und frechen Antworten, dass es eine Menschentraube gab. Die Leute blieben stehen und schauten den Teufel, der so gar nicht in die Kö-Galerie passen wollte, unentwegt an. Dann spuckte er auch noch aus. Der Herr im Anzug fasste sich an die Brust und es war zu befürchten, dass er augenblicklich tot umfiele. Der Teufel grinste, dann lachte er laut und hämisch und ließ einen gewaltigen Teufelsfurz los. Augenblicklich legte sich ein fürchterlicher Gestank über die Galerie, als wäre eine Stinkbombe gezündet worden.

„War mir ein Vergnügen", sagte der Teufel, verbeugte sich vor den sprachlosen Leuten und zog Emma und den Heinzel zum Ausgang. Damit war ihr Ausflug in die Welt des Luxus und der Moden in der Kö-Galerie zu Ende.

Götter, Kunst und Tempelmädchen

Sie trafen Mercur am Graben am Ende der Kö, am Tritonenbrunnen.

„Habe ich mir gedacht, dass du bei deinen Verwandten aus dem Götterhimmel wartest", sagte der Heinzel.

„Natürlich. Ich treffe überall Verwandte. Die Tritonen* sind die Begleiter des Meeresgottes Poseidon, der bei uns Neptun genannt wird. Sie sind die unteren Meeresgötter. Diese Mischwesen aus Mensch und Tier waren immer beliebt in der Kunst."

Tritonenbrunnen von 1902 im Kö-Graben. Die Tritonen sind die Begleiter des Meeresgottes Poseidon, der bei den Römern Neptun genannt wurde.

„Und? Wie ist es dir ergangen?", fragte Emma Mercur.

„Wunderbar, einfach wunderbar. Diese Modestadt Düsseldorf ist eine wunderbare Stadt. Ich war in den Schadow Arkaden, das war wie ein Rausch. Man hat mich bewundert. Meinen Umhang, meine Flügelchen, den Flügelhut, meinen Stab und den Geldbeutel. Man hat mich als den kommenden Modestar der Saison bezeichnet. Alle waren hingerissen von mir." Mercur war noch immer wie benebelt.

„Weißt du überhaupt, nach wem diese Arkaden benannt worden sind, wer dieser Schadow war?", fragte der Heinzel.

Wilhelm von Schadow, Direktor der Düsseldorfer Kunstakademie (1764–1850).

Gemälde von Wilhelm von Schadow, der 1826 zum Direktor der Düsseldorfer Kunstakademie ernannt wurde. Das Gemälde von 1830 zeigt seine Kinder Sophie und Rudolf Johann Gottfried.

Mercur konnte das natürlich nicht wissen. Wer wusste auch schon, dass Wilhelm von Schadow ab 1826 der Direktor der Düsseldorfer Kunstakademie war und eine besondere Art zu malen, die man „Düsseldorfer Malerschule" nannte, über die Stadt hinaus bekannt machte.

Den Teufel interessierte das natürlich überhaupt nicht und auch Emma hatte Zweifel, ob das ein spannendes Thema war. Aber der Heinzel schleifte sie weiter. Zuerst zur Heinrich-Heine-Allee. Dann an der Kunsthalle vorbei.

Ein Gemälde der Düsseldorfer Malerschule von Ferdinand Theodor Hildebrand zeigt die Ermordung der Söhne König Eduards IV. Diese Szene hat der Maler im Drama „König Richard III." von William Shakespeare im Theater gesehen. Er war sehr beeindruckt von dem Stück. Später malte er den Augenblick, in dem der Mörder sich den Kindern nähert. Das Gemälde ist im museum kunst palast ausgestellt.

Die Kunstakademie an der Eiskellerstraße

Die Kunstakademie in Düsseldorf geht auf eine Zeichenschule zurück, die 1762 gegründet wurde. Als Wilhelm von Schadow Direktor war, lernten die Studenten in einem romantischen und naturgetreuen Stil zu malen, der als „Düseldorfer Malerschule" weltberühmt wurde. Auch heute hat die Akademie einen sehr guten Ruf und wird von Studenten aus aller Welt besucht. Etliche Künstler, die hier studiert haben, sind Professoren geworden und als Maler weltberühmt. So zum Beispiel Gerhard Richter, der ein großes Glasfenster im Kölner Dom gestaltet hat, oder Joseph Beuys, nach dem ein Abschnitt des Rheinufers benannt worden ist.

Die Eiskellerstraße hat ihren Namen aus der Zeit, als es zwar eine Stadtbefestigung gab, aber keine Kühlschränke und Gefriertruhen. In früheren Zeiten trieben im Winter auf dem Rhein noch Eisschollen. Dieses Eis hat man in die ehemalige Stadtbefestigung eingelagert. Dort war es so kühl, dass es sich über längere Zeit hielt. Besonders die Brauereien brauchten das Eis zum Kühlen von Bierfässern.

Die alte Kunsthalle um 1900.
Die Karyatiden tragen den Schmuckgiebel.

Die Karyatiden dienen in der Architektur dazu, die Last des Daches oder anderer Aufbauten zu tragen.

Dort standen vier Mädchen aus Stein, je zwei und zwei beieinander, als wären sie aus einer anderen Zeit übrig geblieben. Das waren die Karyatiden. Zum Glück konnte Mercur ihnen erklären, dass diese Mädchen normalerweise Säulen oder Pfeiler ersetzen. Sie tragen die Last von Decken oder Dächern auf ihrem Kopf. Bei den Griechen waren sie bei Tempelbauten sehr beliebt. Hier in Düsseldorf stehen sie auch noch für die Schönen Künste: Malerei, Musik, Bildhauerei und Architektur.

Von den vier Mädchen aus konnten sie auch schon das geschwungene Gebäude der Kunstsammlung Nordrhein-Westfalen, kurz K20 genannt, sehen. Der schwarze Granit an der Vorderseite glänzte. „Piano“ war auch schnell der Spitzname für dieses Gebäude, das in Form und Farbe einem Konzertflügel ähnlich sieht. Hier sind die Werke der Künstler aus dem vorigen Jahrhundert ausgestellt oder gut aufbewahrt. Den Grundstock bilden die Werke des Malers Paul Klee. Aber auch Werke von Pablo Picasso, Joseph Beuys, Robert Rauschenberg und vielen anderen berühmten Künstlern sind dort zu sehen.

In der Kunstsammlung Nordrhein-Westfalen wird Kunst des 20. Jahrhunderts gezeigt. Deshalb wir sie kurz K20 genannt.

Die K20 ist zurzeit wegen Renovierungsarbeiten geschlossen. Zudem erhält sie einen Anbau. Die Wiedereröffnung ist für Herbst 2009 vorgesehen. www.kunstsammlung.de

Das Ratinger Tor

Als die beiden Torhäuser entstanden, war Düsseldorf eine geruhsame und schöne Gartenstadt mit etwa 20 000 Einwohnern. Die Torhäuser sind 1811–1815 von Adolph von Vagedes im klassizistischen Stil* erbaut worden, bei dem auf den Baustil der Griechen und Römer zurückgegriffen wird. Die Häuser sind einem Tempel nachempfunden und dienten als Zollhäuser. Ein Ratinger Tor wurde schon 1397 erwähnt. Es gehörte zur Stadtbefestigung und war die Grenze der mittelalterlichen* Stadt. Heute sind die Torhäuser vom Verkehr der Heinrich-Heine-Allee und der Ratinger Straße ständig umbraust.

Sie gingen zum Ratinger Tor und weiter in den Hofgarten. Der Heinzel legte sich ins Gras und schlief auf der Stelle ein. Mercur interessierte sich für die Kunstwerke im großen Garten und ging von einem zum anderen. Er entdeckte natürlich auch den Triton*, der von einem Nilpferd im Wasser erschreckt wird. Die Düsseldorfer nennen ihn den „Gröne Jong", weil sich durch das Wasser viel Moos auf dem Stein gebildet

unten: Das Denkmal für die Gefallenen der Kriege von 1864/66/70/71 ist von Karl Hilgers aus weißem Marmor geschaffen worden.

rechts: Der „Gröne Jong" im Hofgarten wird so genannt, weil der Stein grünes Moos angesetzt hat.

Auf dem Märchenbrunnen lauschen drei Kinder drei Fröschen. Aus deren Mäulern sprudelt das Wasser – vielleicht auch Märchen?

hat. Beim Kriegerdenkmal blieb Mercur stehen und entdeckte auf der Rückseite die Inschrift: „Ihren geliebten Soehnen, welche in den / siegreichen Jahren 1864–66–70–71 den / Heldentod starben weiht dieses Denkmal die dankbare Stadt / Düsseldorf."

„Hmm", machte Mercur. „Griechisch-römisch, dieser Sarkophag*, auf dem dieser muskulöse Jüngling nackt liegt. Unten liegt sein Helm mit Helmbusch. Das kurze Schwert hält er noch in der Hand ..." Dann entdeckte Mercur auch die Stichverletzung unter seiner rechten Brust. „Heldentod. Er ist einen Heldentod gestorben. Das sehe ich an den Lorbeerblättern in seinem Schoß."

Kinderspielplatz im Hofgarten.

Emma war zur Jägerhofallee gegangen und sah in der Ferne das Schloss Jägerhof. Der Teufel hatte den Kinderspielplatz entdeckt. Nun begann er wieder sein Spiel. Hinterhältig schubste und

Der Hofgarten

Der Hofgarten gehört zu den beliebtesten Parkanlagen der Düsseldorfer. Hier kann man Enten, Schwäne und viele Kaninchen sehen, den Hund ausführen, joggen und Rad fahren, spazieren gehen und den Spielplatz besuchen. Man kann sogar Schiffchen auf der Düssel fahren lassen, denn sie durchfließt das Gelände. Man kann auch Halsbandsittiche beobachten, denn die grüne Papageienart mit rotem Schnabel hat sich hier angesiedelt. Sie machen mit ihrem Gekrächze einen ziemlichen Lärm. Aber wenn die Sonne untergegangen ist, geben sie Ruhe. Dann schlafen sie auf den alten Bäumen ein.

Der älteste Teil des Hofgartens ist schon 1769 als öffentlicher Garten angelegt worden. Zu dieser Zeit war es etwas ganz Besonderes, dass in einem schön angelegten Garten mit Bäumen, Blumenrabatten, Bassins und Teichen, Bänken und Kunstwerken alle Bürger der Stadt spazieren gehen und sich erholen konnten. Doch die Bürger hatten nicht lange Freude an ihrem Hofgarten. Als die Stadt 1795 von französischen Revolutionstruppen besetzt wurde, holzten die Soldaten Bäume und Sträucher ab, legten Festungsmauern an und zerstörten den schönen Garten fast vollständig. Als 1801 diese Mauern wieder gesprengt wurden, entstand aus dem Schutt der Berg, der Ananasberg heißt, weil auf ihm ein Holzhaus stand, das mit einer Ananas geschmückt war. Ab 1804 ging der Hofgärtner und Gartenbaumeister Maximilian Friedrich Weyhe daran, den Hofgarten nach dem Vorbild englischer Gärten zu gestalten. Vom ältesten Teil des Hofgartens, den Nicolas Pigage entworfen hat, sind heute noch die Reitallee zum Jägerhof und das Bassin mit dem „Grönen Jong“ erhalten. So wurde aus der Festungsstadt Düsseldorf die Gartenstadt Düsseldorf. Weil er ein herausragendes Beispiel für die Gartenbaukunst ist, wurde der Hofgarten 2004 in die „Straße der Gartenkunst an Rhein und Maas“ aufgenommen.

1867 wurde das Denkmal für den Schöpfer des Hofgartens, Maximilian Friedrich Weyhe, im Hofgarten aufgestellt.

knuffte er die kleinen Kinder, wedelte ihnen mit dem Schwanz im Gesicht herum, bohrte ihnen mit seinem Teufelsfinger in den Ohren, stieß sie mit seinen Hörnern in den Rücken und streckte ihnen die glutrote Zunge heraus. Und wenn die Kleinen dann weinend zu ihren Müttern liefen, hatte er seinen Spaß. Aber dann lief ein Kind nicht zu seiner Mutter, sondern zu seinem Vater. Und der schnappte sich den Teufel, als er es gar nicht erwartet hatte, und gab ihm so eine Abreibung, dass er nach Luft schnappte und den Rückzug antrat. Er legte sich neben den Heinzel ins Gras. Aber das laute Schnarchen machte ihn wütend und so sprang er wieder auf und ging unruhig auf und ab.

Der schlafende, schnarchende Heinzel erregte die Aufmerksamkeit der Spaziergänger. Hunde schnüffelten an ihm herum und kleine Kinder standen ratlos vor ihm. Aus sicherer Entfernung und hinter einem Baum versteckt, beobachtete der Teufel das Geschehen. Dann kam Emma. Blitzschnell riss sie dem Heinzel den Hut vom Kopf. Augenblicklich war Ruhe und kein Schnarchlaut mehr zu hören, aber auch kein Heinzel mehr zu sehen. Nun waren die Leute ganz verwirrt und die Kinder fragten, wo denn jetzt der schlafende Zwerg sei. Aber die Erwachsenen wussten keine Antwort darauf. Bald gingen die Leute wieder ihrer Wege, aber sie schauten sich noch öfter um. Emma setzte dem Heinzel die Mütze wieder auf.

„Bist du jetzt eigentlich fertig mit deiner Zeit?", fragte Emma.

„Nein", sagte der Heinzel schlaftrunken und rieb sich die Augen.

Von der Gartenstadt zur Industriestadt

„Hört mal zu", begann der Heinzel, „ich muss jetzt erzählen, wie das explosionsartig weiterging im 19. Jahrhundert. Ich sage nur: weltbewegende Veränderungen. Nichts blieb wie es war. Das Leben der Menschen wurde völlig durcheinandergerüttelt. Von der alten Ordnung blieb nichts mehr übrig. Angefangen von der Französischen Revolution über die Erfindung der Dampfmaschine, der Dampfschiffe und der Eisenbahn bis zur Industriellen Revolution. Maschinen arbeiteten jetzt viel schneller, viel besser und viel billiger und konnten mehr herstellen als Menschen. Und die Dampfschiffe und die Eisenbahn konnten die Waren viel schneller befördern als vorher. Die Maschinen machten das Leben viel schneller. Fabriken schossen wie Pilze aus dem Boden."

„Hä? Fabriken wie Pilze – wie geht das denn. Was hat das denn miteinander zu tun?“, unterbrach der Teufel, der näher gekommen war.

„Das sagt man so. Ein Pilz steht auch nicht allein im Wald. Und in Düsseldorf gab es dann auch nicht nur eine Fabrik, sondern viele. Und nun zogen neue Arbeitskräfte nach Düsseldorf und die Stadt vergrößerte sich. Was glaubst du, was in diesen etwa hundert Jahren alles passiert ist“, verteidigte sich der Heinzel.

„Das hast du schon mal anderswo gesagt, dass sich in den hundert Jahren die Welt verändert hat. Aber du musst dich auch mal kurz fassen“, entgegnete Emma.

„Das meine ich auch. Du musst auch nicht so viel schnarchen. Schnarchnasen brauchen immer ewig, bis sie mal fertig sind, die hinken immer hinterher. Hundert Jahre! Tsss...! Das Mittelalter* hat tausend Jahre gedauert. Da müsste ich ja zehnmal so viel Zeit haben wie du. Also los, du Furzschnarchnase“, meckerte der Teufel und spuckte dreimal auf den Boden.

„Selbst ich blicke auf mehr als fünfhundert Jahre römischer Kultur am Rhein zurück. Zugegeben, diese Gegend hier gehörte nicht zu unserem Weltreich, aber direkt gegenüber in Neuss hatten wir ein Legionslager. Ich brauchte dann etwa fünfmal so viel Zeit wie du für deine hundert Jahre. Ich würde euch gar nicht zumuten, mir so lange zu folgen“, gab Mercur unfreundlich und etwas eingebildet von sich.

„Gut, dann mute ich euch auch nichts mehr zu. Ich sage gar nichts mehr. Ich sage kein Wort mehr. Ich mache Schluss. Dann fallen diese hundert Jahre Düsseldorfer Geschichte eben einfach aus. Sie haben nicht stattgefunden, fertig. Jetzt kann Emma mit ihrer modernen Zeit weitermachen. Bitte Emma, du bist dran“, sagte der Heinzel und verschränkte seine Arme vor dem Bauch, presste seinen Mund zusammen und legte den Kopf in den Nacken.

Alle waren ratlos.

„Das geht nicht. Womit soll ich denn anfangen?“, sagte Emma. „Man kann nicht einfach hundert Jahre Geschichte ausfallen lassen. Es hat sich doch alles entwickelt. Eines aus dem anderen. Ohne Vergangenheit gibt es keine Gegenwart, ohne gestern kein heute. Bitte Heinzel, mach weiter. Bitte.“

Aber der Heinzel blieb stur. Er war nicht zu bewegen, so sehr sich Emma auch bemühte. Er blieb stumm und zuckte nur die Schultern.

Das Modell im Stadtmuseum zeigt die Stadt um 1801.

Freie Bahn für die Großstadt Düsseldorf

Rasantes Vachstum

Vährend der Industriellen Revolution hat ich die Bevölkerung Düsseldorfs mehr als erzehnfacht.

ahr	Einwohner
840	35 000
870	70 000
882	100 000
900	210 000
910	360 000
914	395 000

Die Niederlegung der Festungsanlagen war ein Glücksfall für die Entwicklung von Düsseldorf. Nun konnte sich die Stadt ausbreiten. Zuerst wuchs sie östlich der Königsallee. Das war 1831. Dann wurde 1854 im Süden die Friedrichstadt angelegt, benannt nach König Friedrich Wilhelm IV., und langsam wandelte sich die verschlafene Gartenstadt zur Industriestadt. Die ersten Dampfmaschinen wurden aufgestellt, eine Dampfschifffahrts- und eine Eisenbahngesellschaft gegründet. Das erste

Dampfschiff, das 1818 den Rhein befuhr, kam auch an Düsseldorf vorüber und die erste Eisenbahn fuhr 1842 von Düsseldorf nach Elberfeld. Dazu mussten Brücken und Bahnhöfe gebaut werden. Nachdem 1831 auch der Rhein frei von den Dampfschiffen befahren werden konnte, bekam die Stadt wieder einen Freihafen, in dem keine Zölle und Abgaben für die Waren erhoben wurden. Die ersten Unternehmer, die große Fabriken gründeten, kamen aus Belgien, aus England, der Eifel und vom Niederrhein. Sie erkannten, dass die Lage Düsseldorfs ideal war. Die Stadt lag zwischen den Hauptorten der bergischen Industrie und dem Rhein. Das Ruhrgebiet, in dem die Kohle gefördert und Stahl produziert wurde, war nicht weit. Außerdem gab es rund um die Stadt billige Grundstücke für Fabrikanlagen. So entstanden ein Hammerwerk, das Eisenbahnmaterial herstellte, Fabriken für die Textilindustrie, eine Dampfkesselfabrik, ein Eisenwalzwerk und eine Bleiröhrenfabrik in Oberbilk, eine Glashütte in Gerresheim, eine Fabrik für Lokomotiven in Grafenberg und viele mehr. Weil es in Düsseldorf viel Arbeit gab, stieg auch die Einwohnerzahl schnell an. Immer mehr Arbeitskräfte wurden gebraucht und viele zogen aus den ländlichen Gebieten nach Düsseldorf. In Düsseldorf lebten nun immer mehr Menschen.

In der Eisengießerei.

Mehr als die Hälfte der Einwohner gingen zur Arbeit in die Fabrik, wo rigoros auf Pünktlichkeit und Ordnung geachtet wurde. Die Fabrikarbeiter mussten sich dem Tempo der Maschinen anpassen und sich eine strenge Kontrolle und Bestrafung gefallen lassen. Sie arbeiteten elf Stunden am Tag und sechs Tage in der Woche. Nur der Sonntag war frei. Die Arbeit in der Fabrik war gefährlich für die Gesundheit. Wenn die Arbeiter krank wurden, stürzten sie in Elend und Armut, denn sie bekamen keine Unterstützung. Die Wohnungen waren eng und dunkel. Eine Familie lebte oft nur auf einem oder zwei Zimmern.

Neben den vielen Arbeitern gab es auch wohlhabende Düsseldorfer. Es waren Fabrikbesitzer, Rechtsanwälte, Kaufleute, Geschäftsführer und Beamte, die zumeist nicht katholisch wie die Ur-Düsseldorfer waren,

Die Maschinenfabrik Haniel & Lueg an der Grafenberger Allee um 1890.

1891 wurde der neue Zentral-Personenbahnhof am Wilhelmplatz, der heute Konrad-Adenauer-Platz heißt, eingeweiht.

sondern evangelisch. Nachdem es 1871 wieder ein Deutsches Reich mit einem Kaiser an der Spitze gab, wurde Düsseldorf eine Handelsstadt und eine Stadt der Verwaltung, der Banken, der Firmensitze und Versicherungen. Düsseldorf war zu einer modernen Industriestadt herangewachsen. 1908/09 wurden Stockum, Rath, Gerresheim, Ludenberg, Eller, Himmelgeist und Heerdt nach Düsseldorf eingemeindet. Man dachte schon daran, eine Millionenstadt zu werden. Aber der Erste Weltkrieg ändert alles.

Kinderarbeit in der Fabrik

Auch kleine Kinder arbeiteten schon in der Fabrik, weil die Löhne des Vaters und der Mutter nicht zum Leben ausreichten. Sie brauchten das Geld dringend, das die Kinder verdienten. Mit ihren kleinen, geschickten Händen waren sie besonders für die Arbeite in der Textilindustrie gut zu gebrauchen. Kinderarbeit brachte dem Fabrikbesitzer große Vorteile, denn er bezahlte ihnen viel weniger Lohn al den Männern und Frauen. Am 6. April 1859 erließ die Regierung ein Gesetz zur Kinderarbeit. Die Kinder mussten nun neun Jahre alt sein. Sie durften nicht mehr als zehn Stunden am Tag arbeiten und mussten zwe Stunden in die Schule gehen. Nachts und an Sonn- und Feiertagen war die Kinderarbeit verboten. Oft mussten die Kinder noch weite Wege zu Fuß in die Fabrik gehen. Zum Spielen blieb ihnen keine Zeit. Die Kinde wurden oft krank – am Körper und an der Seele.

„Also, was soll das jetzt? Sollen wir hier im Hofgarten anwachsen – oder was?“, äußerte sich Emma verärgert. Aber der Heinzel sagte immer noch nichts. Dann kam der Teufel auf ihn zu und gab ihm einen Stoß. Als der Heinzel strauchelte, schubste er ihn noch, so dass er ins Gras fiel. Dann sagte er hämisch: „Habt ihr das gesehen? Klabi – Klabau – Klabum, fällt der kleine Heinzel um.“

„Fahr zur Hölle, du blöder Höllenhund. Du idiotischer Bockskopf! Ich will dich nicht mehr sehen. Hau ab und lass mich in Ruhe“, schrie der Heinzel.

Emma empörte sich über den Teufel und half dem Heinzel wieder auf die Beine. Dann gingen Emma und Heinzel weiter durch den Hofgarten und achteten nicht darauf, ob Mercur oder der Teufel ihnen folgte.

Kommerzienrat Fritz Henkel (1848–1930).

„Sprichst du jetzt wieder mit mir?“, fragte Emma vorsichtig.

„Ja. Mit dir ja. Aber mit dem Teufel und mit Mercur nicht.“

„Gut“, sagte Emma. Dann gingen sie schweigend weiter.

„Ich wollte dir noch etwas erzählen“, sagte der Heinzel plötzlich. „Von der Firma Henkel und von Fritz Henkel, der die Firma gegründet hat.“

„Und warum?“, wollte Emma wissen.

„Weil die Firma hier in Düsseldorf ihren Sitz hat. In Holthausen.“

„Aha“, sagte Emma nur.

Ein erfolgreicher Unternehmer: Fritz Henkel

Uhr mit Persil-Werbung auf dem Burgplatz.

Drei Tugenden muss ein Unternehmer haben: Fleiß, Sparsamkeit und strengste Ehrbarkeit. Das sagte Fritz Henkel, der 1878 mit seiner Firma und drei Mitarbeitern von Aachen nach Düsseldorf kam. Zwei Mal zog er noch mit seiner Fabrik um, bevor er ein großes Grundstück in Holthausen kaufte. Hier gab es den Rheinhafen in Reisholz und einen Bahnanschluss, den er sich in einem Vertrag sicherte. Pferdewagen transportierten die Waren zum Hafen, zum nächsten Bahnhof oder in die Düsseldorfer Innenstadt. 1907 brachte er das Waschmittel Persil auf den Markt und hatte einen Riesenerfolg damit. Nach und nach stellte er auch andere Produkte für die Sauberkeit im Haushalt und für andere Zwecke her. 1919 arbeiteten in seinem Werk schon über 2 100 Mitarbeiter. 1922 beschloss er, auch Klebstoffe herzustellen. Er hatte Sorge, nicht genügend Klebstoff für die Verklebung seiner Waschmittelpakete zu bekommen. Heute ist Henkel der größte Klebstoffhersteller der Welt. In 125 Ländern sind über 50 000 Mitarbeiter in den Bereichen Wasch- und Reinigungsmittel, Kosmetik und Körperpflege und Kleb- und Dichtstoffe beschäftigt.

Dann gingen sie wieder schweigend nebeneinander her. Plötzlich sah der Heinzel den Teufel hinter einen Baum huschen. Er brüllte ihm wütend zu: „Ich maak dich jetz Been, söns fiert di Föttche Kermes.“ Emma sah jetzt auch den Teufel.

„Was hast du dem gesagt?“, wollte sie wissen.

„Er soll abhauen, sonst feiert sein Hinterteil Kirmes. Ich haue ihn schwarz und blau.“

Sie gingen in Richtung Tonhalle und Ehrenhof und sahen schon von weitem die hohe Säule mit dem sich aufbäumenden Pferd und dem lanzeschwingenden Reiter, das Ulanendenkmal.

Das Ulanendenkmal von 1929 ist über 15 Meter hoch.

Kriegerische Zeiten

„Erklär mir das Denkmal mal", wandte sich Emma zum Heinzel und sah zum stolzen Reiter hinauf. Dann entdeckte sie Mercur hoch oben. Er ließ sich gerade auf dem Pferd nieder.

„Das Denkmal ist wichtig. Es erinnert daran, dass Düsseldorf lange Zeit der Standort einer Truppe war. Als 1815 das Ulanenregiment Nummer 5 gegründet wurde, kämpften die tapferen, stolzen und starken Reiter noch mit der Lanze. Das Regiment kam 1822 nach Düsseldorf. Du hörst gar nicht zu. Du guckst immer nach oben", beschwerte sich der Heinzel. Aber dann sah auch er, dass sich Mercur auf das Pferd hinter den Reiter gesetzt hatte und seinen Stab in die Luft hielt. Dann fuhr er fort: „Die Ulanen hatten besonders schöne Uniformen, in denen die Männer den Eindruck von Stärke und Stolz erweckten. Die Ulanen waren beliebt und genossen hohes Ansehen, denn Soldat zu sein galt als vornehm. Die Düsseldorfer Mädchen waren ganz jeck auf sie und machten ihnen schöne Augen, wenn sie ihnen auf der Straße begegneten oder ihnen bei den Reitübungen zusahen."

Die Reiter des Ulanenregiments Nr. 5 trugen besonders schöne Uniformen und genossen hohes Ansehen.

„Und? Erzählst du mir jetzt, wie ein Düsseldorfer Mädchen sich in einen Ulanen verliebt hat?", fragte Emma lachend.

„Nein! Keine Liebesgeschichte. Im Gegenteil. Jetzt erzähle ich vom Ersten Weltkrieg", sagte der Heinzel und seufzte.

„Die Ulanen haben in vier Kriegen mitgekämpft. Zuerst gegen Napoleon, dann gegen die Österreicher, danach wieder gegen Frankreich und zum Schluss im Ersten Weltkrieg, in dem zweiunddreißig Nationen kämpften. Aber in diesem Krieg, der von 1914 bis 1918 tobte, haben die Ulanen nicht mehr mit der Lanze gekämpft. Das war ein Krieg, in dem schwere Geschütze aufgefahren wurden, die das Feuer eröffneten und alles niederwalzten. Flugzeuge warfen Bomben über den Städten ab und Gasgranaten, die bei der Explosion Gift verströmten. Wer es einatmete, wurde blind und starb unter fürchterlichen Schmerzen. Am Ende des Ersten Weltkriegs waren zehn Millionen Menschen tot,

zwanzig Millionen verwundet und acht Millionen vermisst oder gefangen genommen. Ich mag gar nicht weitererzählen. Es ist furchtbar, wenn die Menschen Krieg gegeneinander führen und das Leben sich von Grund auf ändert. Die kleinen Leute wussten nicht ein und aus. Handwerksbetriebe mussten schließen, weil die Gesellen im Krieg waren. Nur in den Waffen- und Munitionsfabriken war genug zu tun. Es gab nichts mehr zu essen. Nicht mal Kartoffeln. Nur noch Rüben. Die Leute klauten auf den Feldern alles, was essbar war, und in den Betrieben Sachen, die sie gegen Essen eintauschen konnten. Es gab nichts mehr zu kaufen. Auch keine Kohlen, um die Wohnung zu heizen. Die Leute demonstrierten und machten Krawall. Sie fühlten sich von der Stadt im Stich gelassen. Viele waren entkräftet und wurden krank. Sie starben an Lungenentzündung und Tuberkulose. Es war schlimm. Aber niemand wusste, wie furchtbar es auf den Schlachtfeldern des Krieges zuging.

Warteschlange vor einem Lebensmittelgeschäft an der Marktstraße.

Seit 1850 war es mit Düsseldorf immer aufwärts gegangen. Die Stadt vergrößerte sich, es war genug Arbeit da und das Geld floss in Strömen. Damit war es nun vorbei. Das Kaiserreich zerbrach, der Kaiser dankte ab, der Krieg war verloren. Das Ulanenregiment, oder was nach dem Krieg noch davon übrig geblieben war, wurde aufgelöst. Die Ulanen wollten ihre gefallenen Kameraden nicht vergessen und setzten ihnen 1929 dieses Denkmal. In den Grundstein des Denkmals steckten sie eine Pergamentrolle, auf der die Namen aller gefallenen Soldaten verzeichnet waren."

„Wissen das die Düsseldorfer?", wollte Emma wissen.

„Frag sie doch. Ich warte hier auf dich", schlug der Heinzel vor.

Nach einer Zeit kam Emma enttäuscht zurück. „Die wissen noch nicht mal, wie das Denkmal heißt. Also wissen sie auch nichts über die Ulanen oder Düsseldorf als Garnisonstadt."

„Hab ich mir gedacht", sagte der Heinzel.

Die beiden schauten zum Abschied noch einmal gegen den Himmel. Jetzt saß nur noch der Ulan auf dem Reiter. Mercur war verschwunden und der Teufel ließ sich auch nicht blicken.

Die Moderne

Der Mann mit der Aktentasche ist ein „Säulenheiliger" vom Künstler Christoph Pöggeler.

Mit Emma Elf in die Moderne

Zwischen zwei Kriegen

„Es macht mir nichts aus, dass der Teufel und Mercur nicht da sind, wenn ich von meiner Zeit erzähle. Mercur ist immer so hochnäsig. Er hält seine Zeit für die Beste, und der Teufel, na ja, du weißt schon. Am liebsten erzähle ich dir was, auch wenn du manchmal einschläfst und schnarchst“, sagte Emma zum Heinzel und begann:

„Als der Erste Weltkrieg zu Ende war, fingen die Probleme auch für Düsseldorf an, weil Deutschland von den Siegern bestraft wurde. Die verbündeten Mächte forderten von der deutschen Reichsregierung zweihundertneunundsechzig Milliarden Goldmark. Eine enorme Schuldenlast. Sie sollten in zweiundvierzig Jahren bezahlt werden. Warum? Als Kriegsentschädigung, weil Deutschland Schuld am Krieg war. Ein Krieg kostet schließlich viel Geld. Waffen, Munition, Panzer, Flugzeuge, Bomben müssen beschafft, Soldaten müssen verpflegt und versorgt werden. Die Zerstörungen und Verwüstungen des Krieges müssen beseitigt und alles wieder aufgebaut werden. Als die Regierung die Raten nicht mehr bezahlen konnte, besetzen die Franzosen mehrere Städte des Ruhrgebiets und auch Düsseldorf. Sie beschlagnahmten dreiundzwanzig öffentliche Gebäude, fünfundzwanzig Wohnhäuser, dreitausendsiebenhundert Wohnungen und fünfzehn Schulen.

Französische Panzerwagen auf der Graf-Adolf-Straße 1923.

Deutschland war nun eine Republik. Weil sie in Weimar

beschlossen wurde, nennt man sie Weimarer Republik. Die Bürger waren nun keine Untertanen mehr, sondern mitverantwortlich für die Gemeinschaft. Alle durften jetzt zur Wahl gehen und die Vertreter für das Volk wählen. Männer und Frauen, Arme und Reiche. Deutschland war eine Demokratie. Zu dieser Zeit gab es wenig Arbeit und Woche für Woche mehr Arbeitslose. Die Menschen litten Hunger und waren bettelarm.

Die französischen Truppen bei ihrem Abzug am 25. August 1925 am Ratinger Tor.

Der Düsseldorfer Milchkrieg

Nach dem Ersten Weltkrieg gab es nicht genug Milch in Düsseldorf. Mütter, Säuglinge, Kleinkinder und Kranke brauchten aber dringend Milch für die Ernährung. Wenn etwas knapp ist, aber gebraucht wird, steigt der Preis und dann wird es für viele unbezahlbar. Deshalb bestimmte ein Gesetz über den Preis und die Verteilung der Milch. Das ärgerte die Milchhändlern, weil sie dabei nicht so viel verdienen konnten. Sie wehrten sich und schreckten nicht davor zurück, die Milchverteiler der Stadt zu bedrohen und sie sogar anzugreifen. Deshalb wollte ein Milchverteiler sogar einen Waffenschein haben, um sich zu verteidigen. Es dauerte seine Zeit, bis die Stadt und die Milchhändler sich einigten und der Düsseldorfer Milchkrieg zu Ende war.

Der Düsseldorfer Flughafen

m Jahr 1909 landete ein Zeppelin
uf der Golzheimer Heide in Düsseldorf. Das
var der Beginn des Düsseldorfer Flughafens,
'er am 19. April 1927 offiziell eingeweiht
vurde. In einer Maschine der Luft Hansa AG
onnten sechs bis acht Personen mitfliegen.
später schon neun und mit dem berühmten
'lugzeug „Tante Ju“ waren es schon 15 bis 17.
Die Flugzeuge machten ohrenbetäubenden
ärm. Deshalb wurde empfohlen, sich die
Ohren mit Watte zu verstopfen. Im Jahr 2008
liegen etwa 18 Millionen Passagiere von
Düsseldorf aus in alle Welt.

Der Flughafen in Lohausen. Foto von 1932.

Trotzdem haben die Düsseldorfer den Glauben nicht aufgegeben, dass es mal wieder besser wird. Niemals ein Ziel aufgeben oder aus den Augen verlieren, nie den Mut verlieren und immer an sich glauben, haben sie gesagt. Dann bauten sie große Hochhäuser, zum Beispiel das Wilhelm-Marx-Haus. 1927 wurde auch der Düsseldorfer Flughafen eröffnet und bot Flüge nach Berlin, Hamburg und Genf an.“

Die Gesolei – Düsseldorf wird Ausstellungs- und Messestadt

„Die Düsseldorfer schmiedeten auch Pläne für eine große Ausstellung“, begann Emma ein neues Thema. „Die Stadt sollte wieder bekannt in der Welt werden. Als die französische Besatzung 1925 abgezogen war, liefen die Vorbereitungen für die ‚Gesolei‘ auf Hochtouren. Die Ausstellung wurde ein Riesenerfolg. In einem halben Jahr kamen mehr als siebeneinhalb Millionen Besucher, viele von ihnen waren aus dem Ausland angereist.

Von den vielen Gebäuden der Gesolei-Ausstellung stehen heute noch drei Bauwerke: Ehrenhof, Tonhalle und Rheinterrasse.

links: Ehrenhof.

rechts: Tonhalle.

„Kannst du mir mal erklären, was ‚Gesolei' bedeuten soll?", bat der Heinzel.

„Das ist eine Abkürzung für drei Bereiche, die 'was miteinander zu tun haben. Jetzt kannst du mal raten, für welche."

„Geh sofort leise", entfuhr es dem Heinzel.

„Quatsch. Das sind doch keine Bereiche."

„Also dann eben Gebiss, Soldat, Leiche."

„Blödsinn. Was haben die miteinander zu tun?"

„Weiß ich auch nicht", gestand der Heinzel. „Dann halt Gedanken, Sorgen, Leiden."

„Gut. Das könnte passen. Aber falsch."

„Sag schon!", bedrängte der Heinzel Emma.

„GEsundheit, SOziale Fürsorge, LEIbesübungen. Klingt ulkig, nicht wahr? Nach dieser Ausstellung war Düsseldorf als Ausstellungs- und Messestadt berühmt."

Die „Gesolei"

Nach Abzug der französischen Besatzungstruppen wurde die Ausstellung für „GEsundheit, SOziale Fürsorge, LEIbesübungen", kurz Gesolei, für den 8. Mai 1926 geplant. Die Ausstellung sollte alle Wirtschaftszweige umfassen und der Anfang eines neuen Aufstiegs für Düsseldorf werden. Es kamen mehr als sieben Millionen Besucher. Damit war der Name der Stadt nach dem Weltkrieg wieder in alle Welt getragen. Von den vielen Gebäuden, die für die Ausstellung neu errichtet wurden, blieben der Ehrenhof, die heutige Tonhalle und die Rheinterrasse bis heute bestehen.

Luftaufnahme des Gesolei-Geländes 1926.

„Guck mal, wer da hinten im Ehrenhof ist“, sagte Emma und zeigte auf den Teufel und Mercur. Der Teufel kam vorsichtig auf die beiden zu und begrüßte den Heinzel ganz freundlich. Dann kam auch Mercur.

„Worüber redet ihr gerade?“, fragte er.

„Düsseldorf als Messestadt.“

„Interessant. Sehr interessant für mich. Außer dem Götterboten bin ich auch der Gott des Handels. Mein Stab, mein *Caduceus**, ist das Sinnbild des Handels.“

Das Wilhelm-Marx-Hochhaus und das Kaufhaus Carsch um 1927.

Das Carsch-Haus

Der jüdische Kaufmann Paul Carsch eröffnete 1915 sein Haus für vornehme Herren- und Knabenkleidung, Sport- und Livree*-Kleidung und Herren-Modeartikel. 1974 sollte das Haus abgerissen werden, weil es dem U-Bahn-Bau im Wege war. Doch man entschied anders: Das gesamte Haus sollte an eine andere Stelle versetzt werden. 1979 begann man mit dem Abriss. Aber die Steine landeten nicht auf dem Schuttberg, sondern sauber mit Nummern versehen und aufgelistet in einem Lager. Dort wurden die 4 800 Steine restauriert und danach sofort wieder an der neuen Stelle verbaut. 1984 wurde das Warenhaus wieder feierlich eröffnet – 23 Meter entfernt von seinem alten Stammplatz.

Moderne

„Messe, Messe! Das hat mit Kirche zu tun. Ich will es gar nicht aussprechen, aber Messe ist diese Feier, diese Messfeier zum Gedenken an den Tod und die Auferstehung Jesu Christi ... nein, nein! Ich kriege schon Jucken und Zucken“, warf der Teufel ein und schüttelte sich und kratzte sich am ganzen Körper. „Die Bezeichnung Messe ist aus der *Kirmesse,* aus der Kirchmesse entstanden. Das war immer eine Verbindung von kirchlicher Feier und weltlichem Fest. Zu meiner Zeit, im Mittelalter*,

Die griechische Göttin Pallas Athene mit dem goldenen Kleid ist die Namensgeberin der Stadt Athen und Göttin der Städte. Ebenso ist sie Schirmherrin der Wissenschaft und der Kunst. Die Statue aus vergoldeter Bronze wurde für die Gesolei-Ausstellung 1926 von Johannes Knubel geschaffen. Heute steht sie vor der Tonhalle an der Rampe der Oberkasseler Brücke.

war das herrlich. Es kamen immer viele Leute von nah und fern. Sie brachten Neuigkeiten mit und mit den Händlern feilschte man um die Waren. Und dazu gab es noch Jahrmarkt, Schützenfest, Essen, Trinken, Musik, Tanz, Theater und festliche Umzüge. Wunderbar!"

„Jetzt bin ich schlauer geworden. Das wusste ich nicht", sagte Emma. „Heute finden Messen einmal oder zweimal im Jahr statt, zum Beispiel die ‚Herrenmodemesse' oder die ‚Igedo Fashion Fairs' oder die ‚Body Look'."

„Das wäre etwas für mich, diese Herrenmodemesse. Und was ist die Igedo Fashion Fairs für eine Messe?", fragte Mercur.

„Das wäre auch 'was für dich. Igedo ist die Abkürzung für ‚Interessengemeinschaft Damenoberbekleidung' und Fashion Fairs bedeutet einfach Modemessen", erklärte Emma.

„Wie schlau du bist! Was du alles weißt! Wie du dich mit Abkürzungen auskennst", lobte Mercur Emma, die aber gar nicht hinhörte, sondern weiter zum Teufel sprach.

„Dich würde bestimmt die ‚IMA' interessieren. Internationale Fachmesse für Unterhaltungs- und Spielautomaten und dieses Teufelszeug. Und für den Heinzel hätten wir die ‚Trau Dich'-Hochzeitsmesse, auf der die neuesten Brautkleider, Frisuren und Trauringe und alles für die Hochzeitsfeier gezeigt werden. Ich selbst würde mal gerne auf die ‚Boot', die Messe für Segeln, Jachten und Wassersport, gehen, oder den ‚Caravan-Salon' rund um Wohnwagen und Wohnmobile besuchen."

Sie überlegten, ob sie zum heutigen Messegelände gehen sollten, aber es war zu weit weg. Sie blieben noch eine Zeit lang im Ehrenhof, dem ältesten Ausstellungsgelände von Düsseldorf. Dann entdeckte Mercur die Inschrift am Kunstpalast, der im Jahr 1902 gebaut wurde: „Artibus" stand auf der Fassade. Mercur übersetzte: „Den Künsten." Dann gingen sie zur Tonhalle, einem wichtigen Konzertsaal in Düsseldorf. Gebaut wurde die Halbkugel 1926 als Planetarium. Hier konnten die Erscheinungen am Sternenhimmel sichtbar gemacht werden. Später wurde aus der Planetarium-Halbkugel ein Konzertsaal mit dem Namen „Tonhalle", in dem Konzerte aller Musikrichtungen stattfinden, auch für Kinder und Jugendliche. Im großen Saal haben mehr als tausendachthundert Zuhörer Platz, im Kammermusiksaal dreihundert und in der Rotunde im Foyer etwa zwei- bis vierhundert. Die Tonhalle ist auch das musikalische Zuhause der Düsseldorfer Symphoniker. Jetzt gehen wir in die Mühlenstraße. Da ist eine Gedenkstätte."

museum kunst palast im Ehrenhof

Der Kunstpalast im Ehrenhof ist das älteste Ausstellungsgebäude Düsseldorfs. Heute zeigt das „museum kunst palast" hier seine Schätze. Die Geschichte der Sammlung von Kunstwerken reicht bis zu den pfälzischen Kurfürsten*, besonders zur Sammelleidenschaft von Jan Wellem und seiner zweiten Frau Anna Maria Luisa de' Medici zurück. Die glanzvollsten Schätze ihrer Gemäldegalerie* waren mehrere Werke von Rembrandt und 46 Gemälde von Peter Paul Rubens. Die meisten Werke ihrer Sammlung sind heute nicht mehr in Düsseldorf, weil die Residenz* nach dem Tode von Jan Wellem zuerst nach Mannheim und danach nach München verlegt wurde. Deshalb wurde auch die wertvolle Gemäldesammlung in das Museum „Alte Pinakothek"* in München gebracht. Weil zwei Gemälde von Peter Paul Rubens zu groß für den Transport waren, blieben sie in Düsseldorf und sind heute im museum kunst palast zu sehen. Eines der beiden ist „Venus und Adonis".

Peter Paul Rubens malte vor 400 Jahren Bilder mit wunderbarer Leuchtkraft. Besonders echt malte er die nackte Haut, die Farbe des Fleisches. Seine Frauengestalten waren mollige Schönheiten mit runden, weichen Formen. Man bezeichnet sie als unverkennbare „Rubens-Figuren". Im Mittelpunkt des Gemäldes steht das Liebespaar Venus und Adonis aus der griechischen Sagenwelt. Venus ist die Göttin der Schönheit. Adonis ist Jäger und der schönste Mann der Götterwelt. Neben ihm steht ein kleiner blonder Junge und beobachtet, was passiert. Es ist Amor, der seine Mutter Venus mit dem Liebespfeil getroffen hat, als sie Adonis fand. Sie verliebte sich augenblicklich in ihn und sie knutschten miteinander. Aber dann musste Adonis mit seinem Jagdhund Hektor zur Jagd ... und wurde von einem Eber getötet.

Im museum kunst palast werden auch viele Gemälde gezeigt, die von der Geschichte Düsseldorfs erzählen.

Unter den Nationalsozialisten – Düsseldorf 1933–1945

„Habt ihr schon mal was von den Nazis gehört, von Hitler, vom Dritten Reich?“, fragte Emma, als sie auf dem Weg zur Mahn- und Gedenkstätte in der Mühlenstraße waren.

„Ja, ja, schon was gehört, aber so genau weiß ich auch nicht, wie das in Düsseldorf war“, antwortete der Heinzel. Der Teufel reagierte nicht. Er pulte in seinen Teufelsohren herum und in jedem Ohr steckte ein Finger, so dass er nichts hören konnte. Mercur zuckte mit den Schultern. Er konnte nun wirklich nichts von Nazis und Hitler und der Nationalsozialistischen Deutschen Arbeiterpartei wissen.

„Zuerst war die NSDAP nur eine kleine, unbedeutende Partei neben vielen anderen. Aber ihre Anhänger versprachen, dass alles besser wird, wenn sie unter ihrem Führer Adolf Hitler an die Macht kommen. Zu dieser Zeit gab es viele Arbeitslose in Deutschland. Sie hatten keine Hoffnung auf ein besseres Leben. Keine Hoffnung auf genug zum Essen, eine menschenwürdige Wohnung, Gesundheit und Wohlergehen. Sie kannten nur Sorgen und Nöte. Deshalb wünschten sie sich einen starken Führer, der ihnen wieder Hoffnung gab und alles besser machte. So glaubten sie den Versprechungen der Partei und ihrem Führer Adolf Hitler, und die NSDAP stieg bei den Wahlen 1933 zur stärksten Partei auf. Adolf Hitler wurde zum Reichskanzler ernannt und war nun der mächtigste Mann im Deutschen Reich. Hitler hatte große Ideen für Deutschland: ‚Ein Volk, ein Reich, ein Führer‘, sagte er und meinte damit, dass alle Deutschen eine Volksgemeinschaft bilden und sich ihm unterordnen sollten. ‚Juden sind unser Unglück‘, sagte er. ‚Sie sind schuld an der Not in Deutschland‘, und meinte damit, dass die jüdische Rasse ausgemerzt werden sollte. ‚Unser Reich muss größer werden‘, sagte er und meinte damit, dass neue Gebiete erobert werden müssen. Unter dem Reichskanzler Adolf Hitler wurden sofort viele demokratische Rechte abgeschafft. Man durfte sich nicht mehr frei versammeln, Vereine mussten sich auflösen, andere Parteien wurden verboten. Die einzige Partei sollte die NSDAP sein. In der Regierung sollten von nun an nur noch Leute arbeiten, die der gleichen Meinung wie die Nazis waren. Wichtige Posten wurden daher nur mit Parteimitgliedern besetzt, die anderen wurden entlassen oder gezwungen, ihre Arbeit aufzugeben. Und so wurde auch Düsseldorf zu einer nationalsozialistischen Stadt umgestaltet. Den Bürgermeister Gustav Reuter räumte man aus dem Weg, verhaftete ihn und besetzte sein Amt mit einem Nazi. Stolz marschierten nun die Anhänger Adolf Hitlers in ihren braunen Uniformen durch die Straßen von Düsseldorf und den anderen Städten im Deutschen Reich. Sie spielten sich wie die Herren auf und Adolf Hitler regierte als Diktator."

Kleines Lexikon zum Nationalsozialismus

Adolf Hitler
Adolf Hitler war Reichskanzler von 1933 bis 1945 und Führer der Nationalsozialistischen Deutschen Arbeiterpartei (NSDAP). Er war ein Diktator und für die Verbrechensherrschaft der Nazis verantwortlich.

Geheime Staatspolizei, kurz: Gestapo
Die Gestapo sollte ab 1933 die Bevölkerung unterdrücken und durch Terror in Angst und Schrecken versetzen.

Nazi, Nationalsozialist
Nazi ist die Abkürzung für „Nationalsozialist". Nazis waren Anhänger und Mitglieder der Nationalsozialistischen Deutschen Arbeiterpartei (NSDAP), die 1933 in Deutschland an die Macht kam.

NS-Zeit
Zeit des Nationalsozialismus von 1933 bis 1945.

Juden
Das Judentum ist die älteste Religion mit dem Glauben an einen Gott. Juden wurden nicht wegen ihrer Religion von den Nazis verfolgt, sondern weil sie angeblich Angehörige einer minderwertigen Rasse waren.

Deportation
In der NS-Zeit wurden Menschen gewaltsam an andere Orte transportiert. Juden, Menschen anderer Volksgruppen wie Sinti und Roma oder Andersdenkende wurden in Konzentrationslager deportiert.

KZ, Konzentrationslager
Konzentrationslager waren Häftlingslager, in denen Menschen, die zu Gegnern der Nazis erklärt wurden, später auch Juden, Roma* und Sinti* und Kriegsgefangene, wie in einem Gefängnis in Haft genommen wurden. Anfangs wurden sie vereinzelt, später zu hunderttausenden ermordet.

Zwangsarbeit
Unter den Nazis wurden Menschen aus ihrer Heimat verschleppt und gezwungen, in Fabriken und in der Landwirtschaft zu arbeiten.

„Wurde das noch schlimmer? Ich meine, wenn Hitler alles alleine bestimmte, galt denn keine andere Meinung?“, fragte der Heinzel verwirrt.

„Ein Diktator lässt keine andere Meinung zu, sonst wäre er kein Diktator“, sagte der Teufel, der die Finger aus den Ohren genommen und ganz konzentriert gelauscht hatte.

„Natürlich wurde das schlimmer. Die Nazis wollten den ganzen Menschen lenken und formen und ihn zu blindem Gehorsam gegenüber dem Führer und seinen Ideen erziehen. In der Schule und in der Freizeit wurden die Jungen gedrillt. Sie mussten an militärischen Übungen, Märschen und Appellen teilnehmen, damit sie dadurch zu kämpferischen und opferbereiten Soldaten wurden. Für die Mädchen gab es andere Aufgaben. Sie sollten gute Ehefrauen werden, die ihren Männern gehorchten und viele Kinder bekamen. Hitler brauchte Nachwuchs. Die Jungen als Soldaten für die Eroberungsfeldzüge, die Mädchen für die Aufgaben als Mutter. Mädchen und Jungen sollten ihre Freizeit in der Hitler-Jugend verbringen. Die Mädchen von zehn bis vierzehn Jahren beim Jungmädelbund, die Jungen beim Deutschen Jungvolk. Besonders hier wurden sie im Geist der Nationalsozialisten beschäftigt und erzogen. Zum Zeichen, dass sie dazugehörten, trugen sie eine Uniform. Beim Eintritt in die Hitler-Jugend mussten sie die Treueformel sprechen: ‚Ich verspreche, in der Hitler-Jugend allzeit meine Pflicht zu tun in Liebe und Treue zum Führer und unserer Fahne.‘

In der Hitler-Jugend (HJ) wurden die Jungen von zehn bis vierzehn Jahren „Pimpfe“ genannt. Ihre Uniform bestand aus einem braunen Hemd, einer schwarzen, kurzen Hose, Gürtel, Halstuch und Messer.

Auch die Erwachsenen sollten sich der Partei, Vereinen und Organisationen der Nazis anschließen. Wer sich weigerte, musste Nachteile befürchten, wie zum Beispiel Ernst Schum, der stellvertretende Leiter des Arbeitsamtes. Die Nazis sagten ihm, er könne im Amt bleiben, wenn er Mitglied der Partei würde. Dann bekäme er auch ein Parteibuch.

Aber er antwortete ihnen: ‚Behalten Sie ihr Parteibuch und ich behalte meine Gesinnung.' Ernst Schum wurde sofort entlassen. Er bekam kein Gehalt mehr und keine Unterstützung. Andere wurden bedroht, durch Prügel eingeschüchtert oder gleich ins Gefängnis gesperrt. Deshalb hielten viele den Mund, auch wenn sie anderer Meinung waren oder gar keine eigene Meinung hatten. Sie passten sich einfach an und wurden zu Mitläufern. Aber viele waren auch total begeistert von den Ideen der Nazis und glaubten ihren Versprechungen."

Auch du gehörst dem Führer. Werbeplakat für die HJ. Die Nationalsozialisten wollten die Menschen nach ihren Vorstellungen erziehen und lenken.

„Hättest du auch mitgemacht?", unterbrach der Heinzel Emmas Rede.

„Woher soll ich das wissen? Ich habe doch zu dieser Zeit noch nicht gelebt – Gott sei Dank! Heute kann ich mir das nicht vorstellen. Eine Uniform tragen? – Nein danke. Keine freie Entscheidung treffen? – Nein danke! Alles tun, was ein Führer sagt? – Nein danke! Mich total unterordnen? – Nein danke! Ich kann selber denken und entscheiden. Aber damals, vor mehr als siebzig Jahren?"

„Und wie war das mit den Juden und den Menschen, die sich nicht angepasst haben und die anders gedacht haben?", fragte der Teufel vorsichtig.

„Es begann damit, dass Bücher verbrannt wurden. Bücher, in denen etwas anderes stand, als die Nazis propagierten. In denen etwas von Demokratie und Menschenwürde zu lesen war. Oder die Bücher, die Juden geschrieben hatten. Bücher von Heinrich Heine zum Beispiel. Und es begann damit, dass man nicht mehr in jüdischen Geschäften kaufen sollte. ‚Kauft nicht bei Juden' war auf Plakaten zu lesen. Man sollte auch nicht mehr zu jüdischen Ärzten und Rechtsanwälten gehen. Jüdische Lehrer an den Schulen wurden entlassen, jüdische Organisationen und Einrichtungen aufgelöst. Die Nazis grenzten die Juden aus dem täglichen Leben und der Gesellschaft aus. Ihnen wurde der Besuch von Kinos, Theatern und Konzerten verboten. Viele durften nicht mehr arbeiten und die Kinder mussten von den Schulen gehen.

Alle Juden, die älter als sechs Jahre waren, mussten den Stern mit der Aufschrift „Jude" an der Kleidung tragen.

Sie durften nach zwanzig Uhr ihre Wohnung nicht mehr verlassen, nicht mehr mit der Straßenbahn fahren und kein Radio und Telefon mehr besitzen. Dann mussten alle, außer den kleinen Kindern, einen gelben Stoffstern mit der Aufschrift ‚Jude' tragen.

Sie wurden gedemütigt, verspottet und beleidigt. In der Nacht zum 10. November 1938 wurden sie misshandelt, zusammengeschlagen und verhaftet, etliche ermordet. Ihre Wohnungen wurden verwüstet und geplündert und ihre Gotteshäuser wurden in Brand gesetzt und gingen in Flammen auf. Auch die Synagogen in der Kasernenstraße und in Benrath brannten und lagen danach in Schutt und Asche. Das war die Nacht, die unter dem Namen ‚Reichskristallnacht' bekannt ist. Später wurden die Juden nach einem genauen Plan in Konzentrationslager deportiert. Dort mussten sie arbeiten oder wurden gleich in den Gaskammern ermordet. ‚Die Juden sind eine minderwertige Rasse', das war die Begründung für die Verbrechen an den Juden. Aber auch den Sinti* und Roma* ging es nicht besser. Auch sie sollten rücksichtslos ausgemerzt werden", endete Emma und musste tief Luft holen.

Die brennende Synagoge an der Kasernenstraße im November 1938.

„Synagogenmahnmal Kasernenstraße 67" von Thomas Fürst, Basaltlava und Bronze von 1983. Das Mahnmal erinnert an die ehemalige Synagoge. Die Inschrift besagt: „Hier stand die Synagoge der jüdischen Gemeinde zu Düsseldorf. Sie wurde am 9. November 1938 ein Opfer des Rassenwahns. Von der stolzen Gemeinde kehrten von 5 053 nur 58 jüdische Mitbürger zurück. Den Toten zum ehrenden Gedenken, den Lebenden zur Mahnung. Die Stadtgemeinde Düsseldorf. 9. November 1945".

„Da sind ja entsetzliche Dinge passiert, in dieser Nazi-Zeit. Wer hat sich das ausgedacht? Welche Menschen haben das getan? So etwas könnte sich der schlimmste Teufel und selbst der Höllenfürst nicht ausdenken und sie würden es auch nicht tun", empörte sich der Teufel, trat unruhig von einem Fuß auf den anderen, donnerte dann mit seinem Pferdefuß auf den Boden und spuckte aufgeregt vor seine Füße.

Ehra oder Kind mit Ball

Am Alten Hafen beim Filmmuseum steht eine kleine Figur aus Bronze, die der Künstler Otto Pankok 1955 geschaffen hat. Die Figur stellt Ehra dar, ein Düsseldorfer Mädchen, das seinen Ball fest in den Händen hält. Der Künstler wollte mit diesem Denkmal an die Sinti und Roma* erinnern, die in der Zeit des Nationalsozialismus* verfolgt und ermordet wurden. Die kleine Ehra steht etwas unsicher und hilflos da. Die Ketten um ihren Hals können darauf inweisen, dass ihre Eltern und vielleicht auch sie selbst mit der Herstellung von einfachem Schmuck beschäftigt waren, um ihren kargen Lebensunterhalt zu sichern.*

hra und ihre Familie wurde von den Nationalsozialisten in das ager Höherweg in Düsseldorf und später in das Konzentrationslager Auschwitz-Birkenau deportiert. Sie war eine der wenigen, die diese Zeit überlebte und nach dem Zusammenbruch der natioalsozialistischen Schreckensherrschaft nach Düsseldorf zurückkehren konnte. Otto Pankok kannte sie schon lange vor der Nazi-Zeit. Auf dem Heiefeld, im Norden der Stadt, lebten damals viele Sinti- und Romafamilien in Bretterbuden und Wohnwagen. Sie waren zwar nicht erwünscht, aber sie wurden geduldet. Otto Pankok hatte sich mit ihnen angefreundet und Ehra und

etliche andere Kinder als Modelle für seine sogenannten „Zigeunerbilder" ausgewählt, die Einblick in den Alltag der Sinti- und Romakindern geben. Otto Pankok zeigte auf seinen Bildern auch das grausame Schicksal der Juden in Deutschland. Nach dem Krieg wurde er Professor an der Düsseldorfer Kunstakademie. Auf der Steinplatte links neben der Bronzefigur, die 1997 aufgestellt wurde, ist folgende Inschrift zu lesen:
„Zum Gedenken an die Sinti und Roma, die durch den Nationalsozialismus Opfer des Völkermords wurden. Diese Figur des Sinto-Mädchens Ehra schuf der Künstl Otto Pankok (1893–1966) zur Erinnerung an die mit ihm befreundeten Düsseldorfer Sinti, von denen über hundert aus dem Lager Höherweg abtransportiert und ermordet wurden. Das Mädchen Ehra selbst gehörte zu den wenigen KZ-Überlebenden."

Die Tafel aus Eisen vom Künstler Anatol befindet sich am Haupteingang zum Polizeipräsidium am Jürgensplatz in Unterbilk. Sie bedeckt die Stelle, an der während der Herrschaft der Nationalsozialisten das Hakenkreuz eingemeißelt war.

„Habt ihr schon mal Bilder vom zerstörten Düsseldorf gesehen? Habt ihr Fotos gesehen, wie es nach einem Bombenangriff hier aussah?", fragte Emma und guckte die drei herausfordernd an. Aber einer nach dem anderen schüttelte den Kopf.

„Im Mai 1940 warfen die Engländer die ersten Sprengbomben und Minen auf die Stadt und zwei Jahre später flogen ganze Bomberflotten über Düsseldorf und warfen Brandbomben ab. Fast dreihundert Tote und mehr als tausend Verletzte waren beim Angriff im Sommer 1942 gezählt worden.

Aber das war nicht der einzige große Angriff. Bei neun schweren und über zweihundertvierzig mittleren Angriffen aus der Luft wurden fast sechstausend Düsseldorfer getötet. Männer, Frauen und Kinder verbrannten oder wurden von herabfallenden Mauern und Dächern er-

Die Nachricht „Alles lebt“ hat jemand mit Kreide an die Haustür geschrieben, als der Bombenangriff vorüber war. Im Vordergrund liegt der Schutt der Häuser, obenauf eine Kuchenform. Aber wo sollte jetzt ein Kuchen gebacken werden?

schlagen. Manche konnten nur ihr nacktes Leben retten. Nun mussten sie ohne Dach über dem Kopf, ohne Möbel, Nahrung, Wasser, Strom, Gas und Brennmaterial leben. Bald war Düsseldorf in Schutt und Asche versunken. Von hundertsiebzigtausend Wohnungen wurden über die Hälfte zerstört. Die Rheinbrücken waren gesprengt, Straßen aufgebrochen, die Kanalisation fast zerstört, Unter- und Überführungen zusammengebrochen. Die Versorgung funktionierte nicht mehr. Von den mehr als eine halbe Million Einwohnern im Jahr 1939 waren am Ende des Krieges 1945 nur noch knapp die Hälfte übrig geblieben. Die Hälfte der Stadt war zerstört“, endete Emma und holte wieder tief Luft.

Bombeneinschlag auf der Königsallee.

„Wieso haben die Nazis das gemacht? Wer hat sie zu diesem Größenwahnsinn getrieben? Warum hat sie niemand dabei aufgehalten?“, fragte der Teufel wieder nach.

„Das kann ich dir nicht sagen, ich weiß es nicht. Ich weiß nicht, warum die Menschen bis in die heutige Zeit immer wieder Kriege führen. Ich weiß nur, dass die Nazis sich zuerst mit Österreich vereinten. Dann marschierte die deutsche Wehrmacht in Polen ein. Danach überfielen sie Belgien, Holland und Frankreich. England griffen sie mit Flugzeugen aus der Luft an. Sie überfielen die Sowjetunion* und erklärten den USA den Krieg. Damit war der Krieg ein Weltkrieg geworden. In ihrem Größenwahn sagten sie: ‚Es kann nur einer siegen und das sind wir.'"

„Und wie lange hat die Schreckensherrschaft gedauert?", fragte der Heinzel.

„Zwölf Jahre", antwortete Emma. „Und dabei wollte Adolf Hitler das Dritte Reich errichten, das tausend Jahre dauern sollte."

„Und die zwei Reiche davor? Was waren das für Reiche?", fragte der Heinzel weiter.

„Das erste Reich war das Heilige Römische Reich Deutscher Nation im Mittelalter*. Das zweite war das Deutsche Kaiserreich unter den Preußen und das dritte Reich sollte eben das der Nationalsozialisten werden", antwortete Emma.

Mittlerweile hatten sie die Mahn- und Gedenkstätte in der Mühlenstraße betreten und schauten sich in der Ausstellung um.

Mahn- und Gedenkstätte in der Mühlenstraße für die Opfer nationalsozialistischer Gewaltherrschaft.

Die Mahn- und Gedenkstätte in der Mühlenstraße

Hier wurde der Opfer der nationalsozialistischen Herrschaft und der Zwangsarbeiter gedacht, die aus ihrer Heimat verschleppt wurden. Sie wurden gezwungen, vor allem bei der Herstellung von Waffen und Munition zu arbeiten, weil es nicht mehr genug deutsche Arbeiter und Arbeiterinnen für diese Arbeit gab. Die Männer waren im Krieg und die Frauen mussten ihre Kinder versorgen, Kranke pflegen oder andere Arbeiten tun.

„Könnt ihr euch das vorstellen?", sagte Emma zu den anderen. „Die haben einfach Menschen von der Straße weg nach Deutschland deportiert. Junge Männer und Frauen wurden einfach verschleppt und in Güterwagen gesperrt, die tagelang unterwegs waren. Ohne Verpflegung und ohne Toiletten. Sie durften die Wagen auch nicht verlassen, um die Notdurft zu verrichten. Völlig entkräftet und würdelos wurden sie in

Luftschutzkeller in der Mühlenstraße 29. Auf der Wand steht: Luftschutzraum 3 60,00 cbm, 30,00 qm, 50 Personen.

Luftschutzraum mit Toilette und Frischluftgerät. Durch das Drehen an der Kurbel konnte frische Luft von außen zugeführt werden.

Wenn die Bomben fielen, saßen die Düsseldorfer dichtgedrängt auf den Bänken oder warteten im Stehen auf die Entwarnung.

Lager gesteckt, die mit Stacheldraht umzäunt waren. Nun mussten sie unter Bewachung arbeiten, arbeiten und arbeiten. Weil sie nicht genug zu essen bekamen, waren sie bald entkräftet und wurden krank. Viele der Verschleppten starben durch Krankheiten und Unfälle oder bei den Luftangriffen im Krieg."

Dann gingen sie schweigend in den Innenhof und von dort in den Keller des Gebäudes. Er diente während des Krieges als Luftschutzkeller, in dem die Bewohner der umliegenden Häuser Schutz finden konnten, während die Bomben abgeworfen wurden. Die Decken waren niedrig und über den Kellerfenstern stand „Notausstieg" in der originalen Schrift aus der Zeit vor mehr als sechzig Jahren. Der Luftschutzraum 3 war dreißig Quadratmeter groß und für fünfzig Personen zugelassen.

„Das glaube ich nicht! Hier können doch keine fünfzig Menschen unterkommen. Die bekommen doch keine Luft mehr, wenn sie dicht gedrängt hier stehen", sagte Emma und lehnte sich an die Wand.

„Hier ist ein Gerät mit einer Kurbel. Wenn man daran dreht, strömt frische Luft von außen herein", sagte sie dann.

„Könnt ihr euch die Not und Verzweiflung der Menschen vorstellen, die hier unten im Bunker die Bombardierungen erlebt haben? Könnt ihr euch vorstellen, dass auf den Holzbänken Mütter mit ihren weinenden und zitternden Kindern auf dem Schoß saßen. Vielleicht hatten sie noch Hoffnung, dass alles ein Ende haben wird. Vielleicht waren sie aber auch schon völlig verzweifelt und glaubten nicht daran, dass sie alles lebend überstehen."

Die Zeit nach dem Zweiten Weltkrieg

Als sie draußen waren, sagte niemand ein Wort. Plötzlich trommelte sich der Teufel mit den Fäusten auf die Brust und schrie dreimal hintereinander laut: „Uaaah…, uaaah…, uaaah…“ Dann sagte er: „Selbst für einen Teufel ist das zu viel“, und sackte in sich zusammen.

Der Heinzel gähnte vier- oder fünfmal hintereinander und erst als er zum letzten Mal seinen Mund aufriss, hielt er die Hand davor. Dann rieb er sich die Augen.

„Furchtbar! Nä, nä, nä! Furchtbar! So etwas darf es nie, nie, nie wieder geben.“

Mercur fasste sich die Stirn und massierte seine Schläfen.

„Ich brauche Luft. Mein Gehirn kann das nicht fassen. Mir stockt der Atem“, sagte er.

Emma räusperte sich mehrmals hintereinander.

„Ich habe einen Kloß im Hals“, sagte sie, „ich kann jetzt nicht sprechen.“

„Ich auch nicht“, fiel ihr der Heinzel ins Wort.

„Wir treffen uns am Rheinturm und gucken uns dann von etwa hundertachtundsechzig Metern Höhe an, was heute aus Düsseldorf geworden ist, nachdem es in Schutt und Asche gelegen hat.“ Emma hatte noch nicht zu Ende gesprochen, als Mercur schon heftig protestierte.

„Für den Teufel mit seiner Höhenangst ist das kein geeigneter Treffpunkt. Hast du das vergessen?“, sagte er vorwurfvoll zu Emma.

„Also gut“, lenkte sie ein. „Dann eben vor dem Landtag.“

Mercur erhob sich sofort in die Luft und auch der Teufel war nicht länger aufzuhalten.

Der Rheinturm

Das höchste Bauwerk Düsseldorfs ist mit 234 Metern Höhe der Rheinturm. Er wurde als Fernmeldeturm der damaligen Deutschen Bundespost zwischen 1979 und 1981 errichtet. Für das Fundament wurden 256 Betonpfähle, die bis zu 22 Metern lang waren, in die Erde gerammt. Darauf ruht nun der 22 500 Tonnen schwere Turm.
Ein Aufzug fährt so schnell wie ein Blitz zum Restaurant in 172 Meter Höhe. Es hat 180 Plätze und dreht sich innerhalb einer halben Stunde einmal um sich selbst. In 168 Metern Höhe kann man bei schönem Wetter durch die Glasscheiben über ganz Düsseldorf und darüber hinaus bis nach Leverkusen, Köln, Wuppertal, Essen, Duisburg, Krefeld, Neuss und Mönchengladbach schauen.

Blick vom Rheinturm.

„Gehen wir zusammen?“, fragte der Heinzel Emma. Sie nickte. Dann gingen sie los. Bald kamen sie unter der Rheinkniebrücke her.

„Sieben! Sieben ist eine gute Zahl. Drei plus vier ist sieben und fünf plus zwei und ...“, sagte Emma plötzlich, bis der Heinzel sie unterbrach.

„Sag schon, was mit der Sieben ist.“

„Über sieben Brücken kannst du geh'n“, antwortete Emma und dann legte sie los: „Düsseldorf hat sieben Brücken: Fleher Brücke, Kardinal-Frings-Brücke, Eisenbahnbrücke Hamm, Rheinkniebrücke, Oberkasseler Brücke, Theodor-Heuss-Brücke, Flughafenbrücke. So! Das waren die Namen der sieben Brücken von Süden nach Norden.“

Nun sollte der Heinzel die Namen auswendig aufsagen. Aber entweder vergaß er einen Namen oder er verwechselte die Reihenfolge. Er war froh, als sie endlich am Landtagsgebäude ankamen. Dort legte er sich sofort auf die grüne Wiese, schaute eine Sekunde auf den Rhein und in der nächsten war er wieder einmal eingeschlafen und schnarchte. Emma sah den Schiffen hinterher und überlegte, wie es nach dem Zweiten Weltkrieg mit Düsseldorf weitergegangen war.

Am 17. April 1945 rückten die Amerikaner ein. Ohne Kampf wurde ihnen die Stadt übergeben. Aber wie sah sie aus! Zerbombt und zerschossen, Ruinen und Schuttberge überall. Trotzdem musste das Le-

Alle Bürger mussten mithelfen, den Schutt wegzuräumen.

ben weitergehen und der Oberbürgermeister und die Stadtverwaltung mussten alles organisieren. Schulgebäude mussten hergerichtet werden, damit die Kinder wieder zur Schule gehen und ordentlich lernen konnten. Die Menschen brauchten Wohnungen. Die wenigen Lebensmittel mussten gerecht verteilt werden. Wasser und Strom sollten funktionieren und Busse und Straßenbahnen wieder fahren. Alle waren sehr beschäftigt und kaum jemand hat zugehört, als der Oberbürgermeister Karl Arnold bekannt gab, dass Düsseldorf die neue Hauptstadt des Landes Nordrhein-Westfalen geworden war. Wie sollte das gehen? Wie sollte von hier aus das Land regiert werden, wo doch die Probleme des Alltags gelöst werden mussten. Wo sollte die neue Regierung überhaupt ihren Sitz haben. Alle geeigneten Gebäude waren zerstört und erst 1949 war das Ständehaus am Kaiserteich soweit wieder hergerichtet, dass der Landtag des Landes Nordrhein-Westfalen einziehen konnte.

Eine Hauptstadt für das neue Land Nordrhein-Westfalen

Als 1945 der Krieg verloren war, wurde Deutschland von Russen, Amerikanern und Engländern besetzt. Sie teilten das Land in drei Zonen auf. Die Engländer besetzten die Zone zwischen Rhein und Weser und gründeten aus ihrer Besatzungszone 1946 das Land Nordrhein-Westfalen. 1947 kam das ehemalige Herzogtum Lippe-Detmold hinzu. Als Hauptstadt, von der aus das neue Land Nordrhein-Westfalen regiert werden sollte, bestimmten die Engländer Düsseldorf.

Das Wappen von Nordrhein-Westfalen

Auf dem Wappen sind die verschiedenen Teile des Landes dargestellt. Der Fluss auf der linken Seite steht für den Rhein und das Rheinland, das Pferd auf der rechten Seite für Westfalen und die Rose in der Mitte für den Landesteil Lippe.

Das Landtagsgebäude und die Rheinufer-Promenade

Als das Ständehaus für die Arbeit des Landtags von NRW zu klein geworden war, suchte man nach einer anderen Lösung. Nach vielen Überlegungen entschloss man sich, das neue Landtagsgebäude direkt am Rhein im alten Berger Hafen zu bauen. Nachdem der neue Landtag am 2. Oktober 1988 eingeweiht worden war, fuhren auf der Straße am Rheinufer nun jeden Tag etwa 60 000 Fahrzeuge an ihm vorüber. Und der Verkehr wurde immer schlimmer. Deshalb entschloss man sich, die Straße unter die Erde in einen Tunnel zu verlegen. Seit 1993 fahren die Autos nun durch den etwa zwei Kilometer langen Rheinufertunnel. Er beginnt an der Oberkasseler Brücke und endet südlich beim Düsseldorfer Stadttor. Die ehemalige Straße wurde zu einer schönen Uferpromenade umgestaltet.

Vom Rheinturm aus ist der Rundbau des Landtagsgebäudes am besten zu erkennen.

Plötzlich schlug der Heinzel die Augen auf und blickte um sich.

„Warum sind Mercur und der Teufel nicht hier?“, fragte er erstaunt.

Aber woher sollte Emma das wissen.

„Vielleicht sind sie woanders. Sollen wir mal nachsehen?“

Emma stimmte zu und sie gingen um das schneckenförmige Gebäude herum. Aber unterwegs trafen sie die beiden auch nicht. Dann kamen sie zum großen Haupteingang. Aber auch dort waren sie nicht.

„Vielleicht sind sie drinnen“, ließ der Heinzel nicht locker. „Sollen wir mal reingehen?“

„Ich weiß nicht, ob jeder da so einfach reingehen darf“, antwortete Emma. „Wir warten besser noch ein bisschen hier draußen.“

Der Heinzel vertrieb sich die Zeit und lief auf dem runden Platz vor dem Eingang umher, hüpfte die Stufen hinauf und hinunter, legte sich ins Gras und kam wieder zurückgerannt. Aber Mercur und der Teufel waren immer noch nicht da.

„Ich gehe da jetzt rein“, sagte er entschlossen und stapfte auf den Eingang zu. In diesem Moment traten Mercur und der Teufel aus der Tür.

Das Stadttor

Das Düsseldorfer Stadttor ist von oben bis unten mit Glas verkleidet. Das hochmoderne Gebäude besteht aus zwei 80 Meter hohen Türmen, die in den oberen drei Geschossen wie eine Brücke miteinander verbunden sind. Unter dem Stadttor werden die Autos in den Tunnel zur Innenstadt geleitet. Im Stadttor haben insgesamt etwa 1 000 Menschen ihre Arbeitsplätze. Etwa 400 Mitarbeiter arbeiten für das Land Nordrhein-Westfalen bei der Behörde des Ministerpräsidenten, in der Staatskanzlei. Auch der Ministerpräsident von Nordrhein-Westfalen hat sein Büro hoch oben hinter durchsichtigen Glasfenstern.

„Das war aber Pech für euch", sagte der Teufel sofort. „Da habt ihr echt 'was verpasst. Wir waren im Landtag drin. Wir sind mit dem Besucheraufzug aus Glas gefahren. Wir haben im Plenarsaal auf der Besuchertribüne gesessen. Von oben konnten wir alles genauestens sehen und beobachten. Stimmt's, Mercur?" Mercur nickte.

„Haben die dich da reingelassen? Haben die dich wirklich durch den Landtag geführt und in den Plenarsaal gelassen?" Dem Heinzel verschlug es die Sprache und er musste sich setzen. „Nä, nä, nä!", sagte er immer wieder. Die anderen setzten sich neben ihn auf das Mäuerchen. Aber der Teufel sprang sofort aufgeregt wieder auf.

Beim Unicef-Fest dürfen Kinder auf den Plätzen der Abgeordneten, der Minister und des Ministerpräsidenten von Nordrhein-Westfalen Platz nehmen.

„Wir haben da drinnen nur gefragt, ob sie den Heinzel Mann und Emma Elf gesehen haben. Dann haben sie gefragt, ob wir vielleicht bei einer Plenarsitzung auf der Besuchertribüne zuhören wollten. Tja, und dann haben wir eben ganz nah erlebt, wie es im Parlament so zugeht."

„Manchmal fiel es den Abgeordneten schon schwer, sich an die Regeln zu halten", ergänzte Mercur.

„Wieso?", fragte Emma.

„Wenn ein Politiker* am Rednerpult etwas gesagt hat, das den anderen nicht passte, haben sie einfach laut dazwischengerufen oder hämisch gelacht. Die haben sich sogar gestritten. Die Präsidentin musste dann mit der Glocke läuten und um Ruhe bitten. In einer Demokratie* ist es das Wichtigste, sich an die Regeln zu halten", ergänzte Mercur. „Und was ich noch sagen wollte: Plenum kommt vom lateinischen *plenus* – voll – und bedeutet die Gesamtheit. Es ist die Vollversammlung, an der alle Mitglieder des Bundestages teilnehmen sollen."

„Ich finde Demokratie toll. Die Herrschaft geht vom Volke aus und jeder hat das Recht, seine Meinung frei zu äußern. Jeder kann auch frei wählen – wunderbar", schwärmte der Teufel. „Zu meiner Zeit gab es so etwas nicht."

„Die Demokratie wurde aber schon in der Antike geboren", fiel Mercur ihm ins Wort. „Zwar nicht bei uns Römern, sondern bei den Griechen, wie ich zugestehen muss, aber das macht ja nichts."

„Ja, ja!", ereiferte sich der Teufel wieder. „Stellt euch vor, jeder Abgeordnete wird in allgemeiner, geheimer, gleicher, unmittelbarer und freier Wahl gewählt. Ist das nicht toll?"

Emma und der Heinzel guckten den Teufel verständnislos an.

Der Landtag

Ein Landtag ist das Landesparlament, die Vertretung des Volkes. Parlament kommt von dem französischen Wort *parle*, reden. Im Landtag kommen die 187 gewählten Volksvertreter, die Abgeordneten, zusammen. Sie reden miteinander und beschließen Gesetze. Sie treffen sich dazu im Plenarsaal. *Plenum* ist das lateinische Wort für Vollversammlung.

Im runden Plenarsaal sitzen die Abgeordneten der gleichen Partei zusammen. Die wichtigsten sitzen immer in den ersten Reihen. Die Präsientin oder der Präsident sitzt ganz vorne an einem erhöhten Pult und achtet auf die Einhaltung der Regeln. Vor ihrer Bank steht das Rednerpult. Von hier aus werden die Reden gehalten, die von einer Stenografin oder einem Stenografen mitgeschrieben werden. Die Berichte erscheinen als Protokolle und können im Internet nachgelesen werden. Die Mitglieder der Regierung, die Ministerinnen und Minister, sitzen in den Bänken neben der Präsidentin oder dem Präsidenten.

Beim Unicef-Fest vor dem Landtag.

„Ja, wir haben das erklärt bekommen. Allgemein bedeutet, dass jeder ab achtzehn Jahren wählen darf. Geheim bedeutet, dass keiner sieht, wem man seine Stimme gibt, das heißt, wo ich ankreuze. Dafür gibt es Wahlkabinen. Gleich bedeutet, dass jede Stimme das gleiche Gewicht hat, egal ob Mann oder Frau, arm oder reich. Unmittelbar bedeutet, dass man direkt über den Kandidaten abstimmt, und frei, dass man die Entscheidung selbst trifft. Toll, nicht?“, sagte der Teufel und sah erwartungsvoll in die Runde.

„Aber abgestimmt ist abgestimmt und gewählt ist gewählt“, warf Emma ein. „Daran kannst du nichts mehr ändern. Ob es dir dann passt oder nicht. Die Mehrheit entscheidet.“

„Das ist ja das Tolle daran“, begeisterte sich der Teufel. „Ich wäre auch gerne ein Abgeordneter ...“

„Sollen wir mal zum Hafen gehen? Am Alten Kran und am Funkhaus des WDR vorbei?“, unterbrach Emma den Teufel.

„Nein, auf keinen Fall. Ich möchte noch hier bleiben, beim schönen Landtag, und mir überlegen, wie ich Abgeordneter werden kann und was ich dann sage, wenn ich an das Rednerpult trete. Zum Beispiel: Meine Damen und Herren, sehr verehrte Ministerinnen und Minister, hoch verehrte Frau Ministerpräsidentin ...“

Alter Kran aus dem Jahr 1893 am Rheinufer beim Landtag.

„Also, ich möchte das machen, was Emma vorgeschlagen hat“, schnitt der Heinzel dem Teufel das Wort ab.

„Mich würde auch das Hafengelände interessieren. Unter Funkhaus und WDR kann ich mir nichts vorstellen“, äußerte sich Mercur.

„Also, gehen wir zum Hafen“, entschied Emma.

„Wieso?“, entrüstete sich der Teufel. „Ich will doch nicht.“

„Aber die anderen sind dafür. Drei gegen einen. Die Mehrheit entscheidet. Also gehen wir!“

„Das ist ungerecht. Ihr könnt auch mal machen, was ich will, ihr könnt doch auch hier bleiben und dann unterhalten wir uns über den Landtag und wie Gesetze gemacht werden, also über Politik*. Das ist doch hochinteressant.“

„Mag sein“, mischte sich jetzt Mercur ein. „Aber wir haben drei zu eins entschieden, dass wir zum Hafen gehen. Da ist es interessant. Daran musst du dich jetzt auch halten.“

WDR-Gebäude vom Rheinturm aus gesehen.

„Tsss...“, machte der Teufel, ließ seinen Schwanz kreisen und spuckte auf den Boden. „Muss ich nicht!“

„Wir gehen jetzt“, bestimmte Emma und die drei machten sich auf den Weg zum Hafen und ließen den Teufel einfach stehen.

„Was ist WDR und was machen die da“, wollte Mercur jetzt wissen. Emma erklärte es ihm. „Hier sind zweihundertfünfzig Menschen jeden Tag damit beschäftigt, eineinhalb Stunden Radioprogramm und drei Stunden Fernsehprogramm zu machen.

Zum Schluss sagte sie noch: „WDR ist die Abkürzung für Westdeutscher Rundfunk. Er produziert und sendet zum Beispiel die ‚Aktuelle Stunde‘ oder ‚WDR Aktuell‘ oder ‚WDR Extra‘.“

Neues Leben für einen alten Hafen

„Nä, nä, nä!“, sagte der Heinzel zu Emma „So sieht doch kein Hafen aus. Wo sind denn die großen Schiffe, die Frachter mit den Ladungen? Wo sind denn die Hafenarbeiter? Wo sind denn hier Lagerhäuser? Das ist ja tote Hose hier!“

„Ja!“, sagte Emma. „Das ist ja auch kein richtiger Hafen mit Hafenbetrieb mehr. Das war mal der Hafen. Das ist aber schon lange her. Bestimmt schon mehr als zwanzig Jahre. Die Zeiten ändern sich eben. Der alte Hafen war zu altmodisch. Die Hafenbecken waren viel zu klein geworden und die Technik veraltet. Und außerdem wurde nicht mehr so viel mit dem Schiff transportiert, sondern mehr mit der Eisenbahn und mit Lastwagen. Deshalb ist das heute kein Hafen für Handelsschiffe mehr. Der Hafen wird in diesem Bereich jetzt völlig anders genutzt." Sie gingen geradewegs auf den Neuen Zollhof zu.

„Was sind das denn für Häuser? Wer wohnt hier?", fragte Mercur entsetzt und ging auf das Haus mit der Verkleidung aus Edelstahl zu und schüttelte unentwegt den Kopf. „Häuser müssen aus Stein sein. Oder aus Holz. Oder aus Fachwerk. Und Häuser müssen gerade sein. Sie müssen Ecken haben. Sie müssen einen rechten Winkel haben."

Wie zerknüllte Blechdosen sehen die Bauten des berühmten Architekten Frank O. Gehry aus.

Das Hafengelände vom Rheinturm aus gesehen.

Düsseldorf, der Rhein und der Hafen

Seit mehr als 500 Jahren führt Düsseldorf den Anker in seinem Stadtwappen. Doch es landeten nur wenige Schiffe an. Erst 1880 wurde erkannt, dass Düsseldorf ein guter Platz für einen Hafen ist. Nun wurden Pläne geschmiedet und 1890 begann der Ausbau. 1896 wurde der große Rheinhafen eröffnet. Im Zweiten Weltkrieg wurde vieles davon zerstört. Nach dem Wiederaufbau wurde weiter gebaut, bis der Hafen acht Becken und eine riesige Wasserfläche von 55 Hektar hatte. Aber die Zeiten änderten sich und der Hafen sollte 1974 wieder schrumpfen. Was sollte nun aus dem Hafengelände werden? Ein Teil sollte bleiben und ein Teil anders genutzt werden, lautete der Beschluss des Rates der Stadt. Also wurde ein Hafenbecken zugeschüttet und als erstes auf dem Hafengelände der Rheinturm, der Landtag und der WDR gebaut. Danach entstand aus alten und neuen Bauten der sogenannte Medienhafen mit vielen Arbeitsplätzen für Berufe zum Beispiel in der Werbung, bei Film und Fernsehen, bei Zeitungen und Internetdiensten.

Der Yachthafen mit Rheinturm, Neuem Zollhof und dem dahinter liegenden Stadttor.

„Früher war das so", antwortete Emma. „Aber heute ist das anders. In diesen Häusern wohnt niemand. Da sind Büros drin, in denen gearbeitet wird. Heute wollen die Architekten etwas Außergewöhnliches schaffen. Der weltberühmte Architekt Frank Owen Gehry, der sich diese Häuser ausgedacht hat, sagt: ‚Jedes Gebäude ist eine Skulptur*.'"

„Versteh' ich nicht", sagte der Heinzel.

„Guck mal", bemühte sich Emma, „hier am Neuen Zollhof sind drei Gebäude dicht beieinander gebaut. Der Zollhof 3 ist das höchste Gebäude. Es erweckt die Vorstellung von fünf kleinen und großen Fässern. Der Zollhof 2 in der Mitte ist das kleinste Gebäude. Der Zollhof 1 ist aus rotem Klinkerstein gebaut. Dadurch soll an das alte Lagerhaus aus Backstein erinnert werden, das hier einmal stand. Bei diesem Gebäude wird die Vorstellung von aufeinandergestapelten Kisten erweckt. Frank O. Gehry hatte bei den drei Gebäuden die Idee, eine Familie – Vater, Mutter, Kind – zu bauen. Er wollte auch nicht starr und glatt, sondern bewegt und lebendig bauen. Die Gebäude sollten sich in Größe, Form, Farbe und Material unterscheiden, damit sie interessant aussehen."

„Aha! Aber das arme Kind in der Mitte sieht doch wirklich wie eine zertretene und zerbeulte Blechdose aus. Findet ihr nicht?", sagte der Heinzel.

Der Neue Zollhof

Der Neue Zollhof hat seinen Namen vom ehemaligen Zollhof, der im alten Hafen von 1896 stand. Dieses Gebäude war 95 Meter lang und vier Stockwerke hoch. Hier wurden Güter gelagert, für die Zoll bezahlt werden musste. 1992 wurde er abgerissen.

„Guckt mal, wie schön wir uns alle in der Blechdose spiegeln. Und auch die anderen Häuser und die Sonne“, machte Emma die anderen aufmerksam.

„Ja, und der Teufel spiegelt sich auch!“, ergänzte Mercur und alle drehten sich um.

„Ich gehe doch lieber mit euch“, sagte der Teufel kleinlaut und klemmte seinen Schwanz zwischen die Beine.

Nun hatten sie genug von den Vater-Mutter-Kind-Häusern gesehen und trabten weiter zum Alten Kran, der stehen geblieben war, um an alte Zeiten zu erinnern. Von dort aus blickten sie auf die Häuser der Speditionstraße auf der gegenüberliegenden Seite des Hafenbeckens.

„Sieh mal, Teufel“, sagte der Heinzel, „moderne Ritter. Sie erobern gerade die Gebäude der Speditionstraße.“

„Wo? Was? Moderne Ritter?“, wunderte sich der Teufel, bis er die knallbunten Wesen an der Fassade entdeckte.

„Das sind neunundzwanzig ‚Flossis‘ aus Kunststoff. Über vier Meter lang und zweieinhalb Meter breit, von der Künstlerin Rosalie ausgedacht“, sagte Emma.

„Das sind nur achtundzwanzig Flossis“, stellte der Teufel fest.

„Stimmt nicht. Es sind neunundzwanzig“, berichtigte ihn der Heinzel. Die beiden zankten sich noch eine Weile, aber dann hatte der Teufel noch einmal nachgezählt und den neunundzwanzigsten Flossi auch gefunden. Emma erzählte ihnen noch, dass fast vierhundert Firmen ihren Sitz im Medienhafen haben. Im Hafen kann man auch das Multiplex-Kino besuchen, die Disco oder eines der vielen Restaurants.

„Aber hier ist gar nix für Kinder. Kein Spielplatz, kein Bolzplatz, kein Fußballplatz, keine Skaterbahn. Wäre doch Platz genug! Die wollen bestimmt keine Kinder hier haben“, stellte der Heinzel fest. Emma gab ihm recht.

Colorium und Malzfabrik – die Speditionstraße im Medienhafen

Am ehemaligen Handelshafen entlang führt eine neu angelegte Uferpromenade. Dort stehen etliche neue Gebäude neben alten Baudenkmälern. Das älteste ist die Alte Mälzerei von 1897, eine Malzfabrik, die von einer Brauerei benutzt wurde. Der große Speicher aus Backstein ist aus dem Jahr 1938. Vor dem Speicher ist noch die Getreideverladungsanlage erhalten geblieben, um daran zu erinnern, wie der Hafen früher genutzt wurde. In der Villa daneben wohnte der Eigentümer des Speichergebäudes.

Auch das Haus, an dem die „Flossis" herumklettern, ist ein altes Speichergebäude, das als Bürohaus umgebaut wurde. Besonders auffallend ist das „Colorium". Seine Vorderseite besteht aus 2 200 bunt bedruckten Glastafeln. Manche sind einfarbig, andere mit bis zu vier Farben bedruckt. Es ist mit 62 Metern das höchste Bürogebäude im Hafen. Das knallrote Dach über der 17. Etage ragt wie ein Sprungbrett über die Hafenpromenade. Abends ist es von innen beleuchtet.

Aus dem Land der aufgehenden Sonne: das Ekô-Haus mit dem buddhistischen Tempel

Diese japanischen Schriftzeichen heißen übersetzt: Ekô-Haus der japanischen Kultur.

Emma und der Heinzel waren mit der U-Bahn und dem Bus zum Ekô-Haus auf die andere Rheinseite nach Oberkassel gefahren. Als sie am Eingangstor standen, entdeckten sie auch den Teufel und Mercur.

„Was steht hier?“, wollte der Heinzel wissen und zeigte auf das schmale Schild mit japanischen Schriftzeichen am Eingang.

„Weiß ich doch nicht. Ich kann doch keine japanische Schrift lesen. Woher soll ich das können?“, erwiderte Emma aufgebracht und schritt entschlossen auf das Tor zum Tempelgarten zu.

„Reg dich nicht auf“, beruhigte Mercur sie. „Es wird uns schon jemand übersetzen können.“

„Ich weiß nicht, ob ich hier hineingehe. Ich weiß überhaupt nichts über Japan und die Japaner. Ich weiß nur, dass sie anders aussehen. Sie haben rabenschwarze Haare. Sie sprechen auch anders. Ich glaube Japanisch. Aber sonst weiß ich nichts. Sie interessieren mich auch nicht, diese Japaner, deshalb gehe ich auch nicht mit durch das Tor“, begann der Teufel. Während er so sprach, spähte er allerdings ziemlich neugierig durch die Umzäunung und reckte seinen Teufelshals in Richtung Tempelgarten.

Düsseldorf – die japanische Hauptstadt am Rhein

Vor etwa 50 Jahren begannen viele japanische Firmen in Düsseldorf Niederlassungen aufzubauen. Von hier aus hatten sie gute Verbindungen mit ganz Europa, zu wichtigen Häfen und zum Ruhrgebiet. Es war ein idealer Standort für ihre Geschäfte. Heute haben rund 450 japanische Unternehmen ihren Sitz hier und in der näheren Umgebung. Nirgendwo in Deutschland leben mehr Japaner. Wenn sie von ihren Firmen für etwa zwei bis fünf Jahre nach Düsseldorf geschickt werden, müssen sie sich mit ihrer Familie zuerst in die fremde Welt eingewöhnen. Im Japanischen Club in Düsseldorf können sie Tipps und Hilfe für den Alltag bekommen. Für die Unternehmen wurde eine Japanische Industrie- und Handelskammer gegründet, die eine wichtige Verbindung für die Unternehmer und Geschäftsleute ist. Kleine Kinder gehen in einen der japanischen Kindergärten und für die Größeren wurde schon vor mehr als 35 Jahren eine Japanische Internationale Schule gegründet, die heute etwa 700 Schüler aufnehmen kann. Hier werden sie so unterrichtet, wie es in Japan üblich ist. Natürlich auch in der japanischen Sprache, damit sie nach ihrer Rückkehr

keine Schwierigkeiten haben. Heute ist auch die Ernährung kein Problem mehr, denn es gibt viele Geschäfte, in denen man die speziellen gesunden Lebensmittel der japanischen Küche kaufen kann, und genügen japanische Restaurants. Die Japaner fühlen sich sehr wohl in Düsseldorf, weil hier für alle ihre Bedürfnisse gesor ist. Es gibt japanische Buchläden, Reisebüros Fluggesellschaften, Hotels, Friseure und soga eine Wochenzeitung in japanischer Sprache. Japaner sprechen oft von Düsseldorf als ihrer „zweiten Heimat". Aus diesem Gefühl heraus machten sie der Stadt auch den Japanischen Garten im Nordpark zum Geschenk, der im Jahr 2000 sein 25-jähriges Jubiläum feierte. Der Kontakt zur deutschen Bevölkerung ist d japanischen Gemeinde besonders wichtig. Da Ekô-Haus der Japanischen Kultur e.V. mit einem buddhistischen Tempel*, zwei Gärten und einem traditionellen japanischen Wohnhaus in Niederkassel bietet viele Veranstaltungen an, die dem Verständnis von Ost und West diene

„Komm schon", sagte Mercur zum Teufel. „Ich weiß auch nicht viel über sie. Ich weiß nur, dass sie gerne nach Europa reisen und fotografieren. Das habe ich selbst schon erlebt." Mercur schob den Teufel vor sich her und bald standen alle am Tor zu dem Garten und der Tempelanlage.

Als sie das Tor durchschritten hatten und im Tempelgarten standen, wurden alle sehr still. Nur ihre Augen wanderten im Garten umher und blieben an den Steinen und den geharkten Kiesflächen, den Pflanzen und kleinen Bäumen hängen. Sie spazierten den Weg entlang, bis sie zu einem Felsblock kamen, wo in einer Nische die Plastik des Prinzen Shotoku stand. Er ist eine übernatürliche Gestalt, bei der die Menschen um Wohltaten und Schutz bitten. Dann gingen sie über die Brücke zum Glockenturm. Die schwere Bronzeglocke darin wird eine Stunde vor den großen buddhistischen Festen zehn Mal angeschlagen.

Eingang zum Ekô-Haus der japanischen Kultur.

Der japanische Garten

Für die Japaner ist ein Garten ein begehbares Landschaftsbild. Er ist ein Ort der geheimnisvollen Ruhe, der Entspannung und der Besinnung auf die Schönheit der Natur. Er soll aus dem hektischen Alltag entführen und die Sinne beruhigen. Einen japanischen Garten anlegen heißt *ishi wo tatsu*. Das heißt „Steine aufstellen". Steine im Garten bedeuten festes Land, geharkte Kiesflächen Wasser und ein Wasserfall den Ursprung des Lebens. Die Brücke ist das Zeichen für die verschiedenen Lebensbereiche. Bunte Blumen findet man im japanischen Garten selten. Ihre Farbenpracht würde von den Formen der Natur ablenken. Der japanische Garten konzentriert sich auf weniges. Dazu gehört der Kirschbaum. Seine zarten Blüten sind ein Zeichen für die Vergänglichkeit, denn sie blühen nur kurze Zeit. Die Kirschblüte ist für die Japaner der Beginn des Frühlings. Deshalb feiern sie „Hanami", das Kirschblütenfest. Wenn sich die ersten Blüten öffnen, beginnt das Fest. Man zieht hinaus und picknickt unter einem blühenden Baum. „Nutze die Zeit" ist denn auch das Losungswort, denn niemand weiß, ob die Blüten durch zu viel Regen bald schon verfaulen oder ein starker Wind sie von den Zweigen weht.

Moderne

Blick auf den Tempel im Garten.

Nun erreichten sie den Tempel. Aber die Türen waren verschlossen. Emma hatte schon Angst, dass der Teufel nun an der Türe reißen und dagegentreten würde, wie er es bei verschlossenen Türen immer tat. Aber er blieb ganz ruhig und es geschah nichts. Kein böses Wort, kein Rappeln und kein Treten. Sie gingen weiter zum Hauptgebäude. Dort wurden sie freundlich empfangen und zu einer Besichtigung mit Herrn Tokoro eingeladen.

„Konnichi wa! Herzlich willkommen", sagte Herr Tokoro und ging mit ihnen durch das Hauptgebäude zum inneren Eingang des Tempels. Auf dem Weg murmelte der Teufel kopfschüttelnd vor sich hin, dass man jetzt auch noch die japanische Sprache verstehen müsse.

„Die Schuhe müssen leider draußen bleiben", sagte Herr Tokoro dann. Damit hatten sie nicht gerechnet. Mercur bekam einen Schreck, denn er war sehr besorgt um seine Sandalen. Sollten sie etwa völlig ohne Aufsicht im Vorraum zum Tempel stehen? Und was wäre, wenn sie nachher nicht mehr zu finden wären? Der Teufel trat von einem Fuß auf den anderen, denn er hatte ein Problem. Wie sollte er Herrn Tokoro klarmachen, dass er seinen Pferdefuß nicht ausziehen konnte. Aber seine Sorge war unbegründet, denn Herr Tokoro schaute gar nicht so genau hin. Er sah auch nicht das große Loch in Emmas Strümpfen, durch das sich der dicke Zeh gebohrt hatte.

Als die vier Herrn Tokoro durch die Türe folgten, waren sie vom Reichtum der Tempelausstattung wie geblendet und blickten verblüfft auf den Altarraum mit goldenem Zierrat und der Statue Buddhas in der Mitte. Herr Tokoro sagte ihnen, dass das Wichtigste im Tempel die Stille ist. Die ehrwürdige, zurückhaltende Stille. Aber er hätte es gar nicht sagen müssen, denn allen hatte es ohnehin die Sprache verschlagen. Dann erklärte er ihnen, dass der Buddhismus auf Buddha Siddhartha Gautama zurückgeht, der vor ungefähr zweitausendfünfhundert Jahren in Nordindien gelebt hatte und noch vieles mehr. Über der Schranke zum Altarraum wies Herr Tokoro auf die beiden Schriftzeichen

Im buddhistischen Tempel.

Buddhismus

Der Buddhismus geht zurück auf Buddha Siddhartha Gautama, der von 560 bis 480 v. Chr. lebte. Er war Sohn einer indischen fürstlichen Familie. Er zog sich in die Einsamkeit zurück und dachte über das Leben und den Tod nach. Unter einem Feigenbaum hatte er die Erleuchtung, wie die Menschen sinnvoll und richtig leben können. Deshalb wurde er Buddha, das bedeutet „der Erleuchtete", genannt. Er zog durch das Land und verkündete seine buddhistische Lehre mit den Geboten nicht zu töten, nicht zu stehlen, nicht zu lügen und keine berauschenden Getränke zu trinken. Er predigte, dass der Mensch nacheinander in verschiedenen Körpern wiedergeboren werde. Nur wer nach den Grundsätzen des Buddhismus lebt, wird eines Tages von der Wiedergeburt erlöst und in das „Nirwana", das Nichts, eingehen.

Buddhastatue aus Holz im Hauptaltar des Ekô-Tempels.

„E-Ko“ hin. Sie bedeuten „sanfter Glanz“ oder „schenkendes Licht“, sagte er. Auch als sie den Tempel wieder verließen, hatten sie ihre Sprache noch nicht wiedergefunden und waren von der fremden Welt des japanischen Buddhismus gefangen.

Mercur war erleichtert, als er im Vorraum seine Sandalen unbeschadet wieder fand, und auch Emma war froh, als sie ihren durchlöcherten Socken in ihren Schuhen verbergen konnte. Nun gingen sie durch den langen Flur des Hauptgebäudes zum japanischen Haus. Im Eingangsbereich stand ein Schild auf dem Boden. „Bitte Schuhe ausziehen. Danke“ stand darauf und daneben lagen einfache Stoffschlappen. Emma war besonders gespannt auf das Haus.

„Traditionelle japanische Häuser sind aus Holz erbaut und ruhen auf Holzpfeilern. Sie haben keinen Keller“, erklärte Herr Tokoro.

„Das Maß des alten japanischen Hauses ist die Tatami-Matte, die mit Reisstroh gefüllt ist und im Sommer kühl und im Winter warm ist. Sie ist neunzig Zentimeter breit und hundertachtzig lang. Sie entspricht der Größe des Menschen und ist von seinem Schlafplatz hergeleitet. In den beiden Haupträumen unseres Hauses liegen acht Tatami-Matten. Das Maß der Matten geht durch das ganze Haus. Es bestimmt das Maß der Wände, der Fenster, der Schiebetüren und des Daches. Zum Haus gehört auch der Garten, den man von innen durch große Fenster betrachten kann. Durch Schiebetüren vor den Fenstern, die mit Papier bespannt sind, kann man sich selbst einen Ausschnitt aus dem Garten wählen ...“

Origami-Kranich aus dem Ekô-Haus. Der Kranich ist das am häufigsten gefaltete Origami-Modell. Er ist das Symbol für ein langes glückliches Leben und das Zeichen der internationalen Friedensbewegung. Nach der japanischen Legende bekommt derjenige, der tausend Kraniche gefaltet hat, von den Göttern einen Wunsch erfüllt.

Herr Tokoro erzählte noch vom Raum für die Teezeremonie, aber alle waren abgelenkt, weil sie durch das Fenster auf den kleinen Teich im Garten starrten, in dem ein großer, dicker, fetter Goldfisch schwamm.

Dann verließen sie das Ekô-Haus. Draußen schloss Herr Tokoro die Gartentür auf und sie durchwanderten auf Trittsteinen den Garten, der zum traditionellen japanischen Haus gehörte. Als sie am Teich vorbeikamen, schwamm der große, fette Goldfisch von einem Ende zum anderen. Nach dem Rundgang verabschiedete sich Herr Tokoro.

Sie gingen zurück zur Straße und kamen an einem der beiden Kindergärten des Ekô-Hauses vorbei. Durch den Zaun konnten sie viele japanische und deutsche Kinder sehen, die draußen zusammen spielten.

Dann machten sie sich auf den Weg zur Bushaltestelle.

„Hier in Niederkassel sind viele Japaner", stellte Emma fest. „Ich glaube, die wohnen alle hier."

„Es ist ja auch schön hier. Ich wollte auch gerne hier wohnen", entgegnete der Heinzel.

„Und jetzt?", fragte der Teufel. „Sind wir fertig? Haben wir alles von Düsseldorf gesehen?"

„Nein", sagte Emma. „Zum Abschluss müssen wir noch zum Neandertal und das Neanderthal-Museum besuchen."

links: Blick aus dem japanischen Haus in den Garten.

rechts: Raum mit Tatami-Matten.

Moderne

Japan-Tag Düsseldorf

Ein Tag der Begegnung ist der „Japan-Tag Düsseldorf", der im Frühjahr auf dem Burgplatz stattfindet. Hier kann man vieles kennen lernen und ausprobieren, zum Beispiel die japanische Küche und das Essen mit Stäbchen, das Anlegen eines Kimonos, die japanische Pinselschrift, Origami (die japanische Technik Papier zu falten), Mangas oder Kampfsportarten wie Judo, Aikido, Karate, Schwertfechten oder Bogenschießen. Am späten Abend wird als Höhepunkt des Japan-Tages das große Feuerwerk gezündet.

Zeitreise zum Neandertaler

Emma und der Heinzel stiegen in Oberkassel in den Bus. Auf der Fahrt auf die andere Rheinseite kamen sie an der japanischen Schule vorbei. Aber sie hatten keine Zeit auszusteigen. Sie wollten Mercur und den Teufel nicht vor dem Neanderthal-Museum warten lassen. Bald waren sie auf der Landstraße zwischen Erkrath und Mettmann unterwegs. Die Straße führte durch das grüne Tal und die beiden begannen fröhlich zu singen. „Zwischen Berg und grünem, grünem Tal, saßen einst zwei Hasen. Fraßen ab das grüne, grüne Gras ...“

Dann hielt der Bus am Museum. Gegenüber auf dem Spielplatz tobten viele Kinder. Sie machten Picknick. Ob es eine Schulklasse war oder eine Geburtstagsgesellschaft, konnten sie nicht erkennen. Die Kinder waren alle fröhlich und ausgelassen. Emma und der Heinzel sahen sich nach Mercur und dem Teufel um, aber vergebens. Sie waren nicht da. Sie suchten den Eingang an dem runden, grünen Gebäude. Als sie durch die Tür blickten, sahen sie die beiden. Sie standen im Foyer und starrten die lebensechte Nachbildung des Neandertalers an. Der Teufel wagte sich immer näher heran, bis er so dicht vor ihm stand, dass sich ihre Nasenspitzen fast berührten. Er war dazu auf die Steine gestiegen, in denen der Neandertaler stand. Es dauerte seine Zeit, bis der Teufel den Schädel ausgiebig studiert hatte. Er unterschied sich deutlich von dem des modernen Menschen. Besonders auffallend waren die hervorspringenden Augenwülste, die flache lange Stirn und die hervortretende Nase mit den breiten Nasenöffnungen und das zurückweichende Kinn. Er hatte eine ziemlich langen, zotteligen Bart und Haare, die weit über die Schulter reichten. Langsam trat der Teufel wieder zurück und betrachtete den kräftigen muskulösen Körper. Er war etwas kleiner als die Menschen heute, etwa hundertsechzig Zentimeter und vielleicht sechzig bis achtzig Kilogramm schwer und nur mit einem Lendenschurz bekleidet. Er stützte sich auf seine steinzeitliche Waffe, den Speer mit der messerscharfen Steinspitze.

Neandertaler im Neanderthal-Museum.

Die Neandertaler

Die Neandertaler lebten in der mittleren Altsteinzeit in Europa und in Gebieten Asiens. Der erste Neandertaler wurde 1856 im Neandertal zwischen Erkrath und Düsseldorf entdeckt. Man schätzt, dass er vor etwa 42 000 Jahren gelebt hat. Die Neandertaler schlugen ihre Lagerplätze in Höhleneingängen und Felsüberhängen auf. Dort waren sie vor Regen und Schnee geschützt und es war heller und wärmer als im Höhleninneren. Aus Fellen und Leder der erlegten Tiere nähten sie sich Hosen, Jacken und Schuhe. Als Nähfaden benutzten sie lange Sehnen der Tiere, die sie ganz fein zerteilten. Die Neandertaler stellten sich Steinwerkzeuge mit messerscharfen Kanten her, die Felle und Fleisch zerschneiden konnten. Ihr Speer aus Holz

mit der scharfkantigen Steinspitze konnte sehr gut fliegen. Ein wichtiges Werkzeug war auch der Bohrer, mit dem sie Löcher für die Stiele von Äxten und Beilen in den Stein bohren konnten. Die Neandertaler jagten Rentiere, Wildpferde, wilde Rinder, die Wisente genannt werden, Hirsche und Rehe. Sie sammelten auch essbare Pflanzen, Beeren und Wurzeln und fingen und angelten Fische. Sie mussten sich in ihren Lebensraum gut auskennen, zum Beispiel Tierspuren lesen oder giftige von essbaren Pflanzen und Pilzen unterscheiden können. Neandertaler waren Jäger und Sammler. Sie zogen hinter großen Tierherden her und jagten, was sie zum Überleben brauchten. Feuer machten die Steinzeitmenschen mit einem Feuerstein und mit einem Markasitstein. Sie schlugen mit dem Feuerstein an dem Markasitstein herunter und weil dieser Eisen enthält, lösen sich dabei glühende Partikel. Wenn diese Funken rasch genug auf brennbares Material fielen – am besten brannte der Zunderpilz, ein Baumpilz – konnte sich ein zartes Feuer entzünden. Nun mussten sie Stroh oder dünne Äste hinzugeben und kräftig pusten, um ein prasselndes Feuer zu entfachen.

Bis heute sind mehr als 300 Knochenfunde des Neandertalers bekannt. Die meisten Überreste wurden in Europa gefunden. Warum der Neandertaler ausstarb, ist bis heute ein Rätsel.

Eine aufregende Entdeckung

Früher war das Neandertal eine wilde, romantische Felsschlucht mit Felsenklippen, Wasserfällen und Höhlen. Vor mehr als dreihundert Jahren ging der Dichter und Schulrektor Joachim Neander oft in dieser Natur spazieren und hielt sich in den Schluchten und Höhlen auf. Auf seinen Spaziergängen sammelte er Ideen für seine Naturgedichte und Kirchenlieder. So benannte man die ganze Schlucht nach Joachim Neander und gab ihr den Namen Neandertal.

Vor mehr als hundertfünfzig Jahren begann man, die Felsen in diesem Tal abzubauen, weil sie aus Kalkstein bestanden, den man für die Herstellung von Zement und in der Industrie benötigte. Im Sommer 1856 arbeiteten die Steinbrucharbeiter in der kleine Feldhofer Grotte und entdeckten etliche Knochenstücke. Sie machten sich keine Gedanken und warfen d sechzehn Stücke achtlos ins Ta hinunter. Kurz danach fanden sie einen Schädel. Nun suchte sie auch die Knochen wieder zu sammen und zeigten den Fun ihrem Chef, der ihn für Bärenknochen hielt. Aber er legte di Knochen dem Lehrer und Naturforscher Carl Fuhlrott vor. A er sie untersucht hatte, kam e zu dem Schluss, dass es sich u Knochen eines Urzeitmensche handelte. Aber Carl Fuhlrott konnte andere Wissenschafler nicht davon über zeugen. Erst nachdem die Knochen nach seinem Tode erneut untersucht wu den, stimmten sie seiner Erkenntnis zu.

Joachim Neander hielt sich viel in der romantischen Neanderschlucht mit ihren Höhlen auf. So bekamen die größte Höhle und das ganze „Gestein" seinen Namen.

Der ausgestorbene Verwandte des heutigen Menschen wurde nach dem Ort benannt, an dem seine Überreste gefunden wurden: Neandertaler. Heute weiß man, dass die Neandertaler vor etwa dreißigtausend Jahren ausgestorben sind. Den heutigen Wissenschaftlern ließ der Neandertaler keine Ruhe. Wenn sechzehn Knochenstücke und ein Schädel gefunden wurden, muss da auch noch mehr sein, sagten sie. Aber die genaue Fundstelle war mit der Zeit in Vergessenheit geraten. Das ganze Gebiet war durch den Kalkabbau zerstört und wurde von der Industrie genutzt. Aber richtige Wissenschaftler lassen nicht locker! Sie wollten den Höhlenlehm finden, den die Arbeiter seinerzeit abgebaggert hatten, und ihn nach weiteren Knochen absuchen. Wer wusste schon, was die Arbeiter damals alles übersehen hatten. Nach vielen Entmutigungen fanden sie schließlich in der „Kleinen Feldhofer Grotte", der Fundstelle des Neandertalers, was sie suchten: menschliche Knochenfragmente, von denen Splitter an den Oberschenkelknochen des Neandertalers passten. Nun gab es kein Halten mehr und ihre Suche wurde weiter belohnt. Sie fanden noch zahlreiche Steinwerkzeuge, Tierknochen, verbrannte Knochenstücke, Reste von Lagerfeuern, Keramik- und Eisenteile, Schneckenschalen und siebzig Knochen, die von Menschen stammten. Insgesamt waren es rund fünfzigtausend Fundstücke! Nun mussten sie alle Funde genauestens erfassen und bestimmen.

Der Teufel war noch eine Weile stumm, kratzte sich am Bauch, rieb sich die Hörner und juckte sich an der Nase. Dann sah er Mercur an.

„Wusstest du, dass es solche Urzeitmenschen gegeben hat?"

„Nein!", sagte Mercur. „Zu meiner Zeit wussten wir nichts davon."

Dann gingen Emma und der Heinzel auf die beiden zu und der Teufel fragte den Heinzel:

„Hast du gewusst, dass es solche Urzeitmenschen gegeben hat?"

„Ja!", sagte der Heinzel. „Ich habe mal so etwas gehört."

Nun ging der Teufel zu Emma.

„Aber du hast das gewusst. Du kennst dich mit dem Neandertaler aus – oder?"

„Na ja, ich habe schon mal was von ihm gehört. Und ich weiß, dass es das Neanderthal-Museum hier zwischen Erkrath und Mettmann gibt. Das wissen alle hier und jedes Kind aus Düsseldorf ist da schon mal gewesen", sagte sie.

„Aber wir haben keinen Fachmann für diese Zeit. Wir haben keinen Fachmann für die Altsteinzeit. Keinen Spezialisten, der uns erzählen kann, wie Düsseldorf zu dieser Zeit ausgesehen hat. Keinen Spezialisten, der über die Entwicklungsgeschichte der Menschen Bescheid weiß. Warum haben wir keinen Spezialisten dafür?", bohrte der Teufel weiter.

„Aber hier im Neandertal-Museum können wir alles darüber erfahren. Hier waren Spezialisten am Werk, Wissenschaftler und Ausstellungsmacher. Hier gibt es auf tausend Fragen Antworten. Hier kannst du alles zur Geschichte der Menschheit erfahren. Hier kannst du sehen und hören und fühlen und lesen", antwortete Emma ihm.

Das Neanderthal-Museum.

Briefmarke mit Neandertal-Motiv.

Sie waren dann ziemlich lange in diesem interessanten Museum und etwas erschöpft, als sie wieder draußen waren. Trotzdem gingen sie noch zum Fundort der Knochen, der etwas entfernt lag. Der kurze Spaziergang durch die frische Luft machte sie wieder munter und sie besuchten sogar noch das Wildgehege, in dem Auerochsen, Wisente und Wildpferde leben.

Abschied im Neandertal

„Ich hätte nie gedacht, dass es auf der rechten Rheinseite in Düsseldorf so interessant ist", sagte Mercur zu Emma.

„Stimmt!", bestätigte der Teufel.

„Nä, nä, nä! ... Ja, Ja, Ja! ... Nä, nä, nä! ... Ach, ja! ... Dat war schön hier in Düsseldorf", schwärmte der Heinzel wehmütig. Dann kam ein Windstoß und blies ihm den Hut vom Kopf. Nun war er verschwunden und es waren nur noch das Getrappel der Füße und das feine Stimmchen von ihm zu hören. Mercur erhob sich ganz sachte und fast unmerklich in die Luft. Bald sah Emma nur noch einen Zipfel seines Umhangs und die Flügelchen an seinem Fußgelenk. Schon hatte er sich vollständig in der Luft verflüchtigt. Auch der Teufel war nicht mehr zu sehen. Er war rubbeldiekatz verschwunden. Von ihm war nur noch sein Geruch nach Feuer und Erde übrig geblieben. Emma trottete nun ganz allein zur Bushaltestelle.

„Schade, dass sie weg sind. Aber wir sehen uns wieder, da bin ich mir ganz sicher", sagte sie zu sich selbst.

Was du noch wissen solltest – zum Nachschlagen

Daten zur Geschichte der Stadt Düsseldorf

100 000–40 000 v. Chr.
Im Düsseldorfer Raum leben die „Neandertaler".

1800–700 v. Chr.
In der Bronzezeit ist das Düsseldorfer Gebiet bevölkert.

700 bis Christi Geburt
Auch in der Eisenzeit leben Menschen im heutigen Stadtgebiet.

um 50 v. Chr.
Im rechtsrheinischen Stadtgebiet leben Germanen, wahrscheinlich Eburonen. Das linksrheinische Gebiet gehört zum Römischen Reich.

100–300
Auf der rechten Rheinseite siedeln „Rhein-Weser-Germanen", auf der linken liegen römische Gutshöfe.

388
Letzter Einfall eines römischen Heeres auf rechtsrheinisches Stadtgebiet.

600–700
Im ganzen heutigen Stadtgebiet leben Franken.

um 700
In Kaiserswerth gründet der Mönch Suitbertus ein Kloster nach den Regeln des heiligen Benedikt.

778
Die Sachsen zerstören das Kloster in Kaiserswerth.

um 880
Die Normannen, eine Volksgruppe aus dem Norden, zerstören Kaiserswerth.

um 1045
In Kaiserswerth entsteht die Kaiserpfalz.

um 1135
Düsseldorf wird zum ersten Mal in einer Urkunde erwähnt.

1174
Der Rheinzoll wird nach Kaiserswerth verlegt.

Vor 1189
Graf Engelbert von Berg erwirbt Düsseldorf.

1263
Düsseldorfer Bürger erhalten das Recht eine Fähre über den Rhein zu betreiben.

1288
Schlacht bei Worringen am 5. Juni.
Graf Adolf von Berg erhebt Düsseldorf am 14. August zur Stadt.

1303
Erste Erwähnung eines Bürgermeisters.

1322
Zum ersten Mal wird in Urkunden ein Stadttor erwähnt.

1324
Der Kaiser gestattet den Rheinzoll.

1358
Erste Erwähnung eines Stadtrates.

1371
Düsseldorfs Rechte werden durch Graf Wilhelm von Berg erweitert, zum Beispiel erhält die Stadt die volle Gerichtsbarkeit und darf einen eigenen Galgen aufstellen. In den folgenden Jahren wird ein Rheinzoll und eine Münzstätte eingerichtet.

1380
Die Grafschaft Berg wird zum Herzogtum erhoben.

1394
Die Stadt erhält eine neue Stadtmauer. Sie wird nach Süden bis etwa zur Flingerstraße erweitert.

1396
Das Berger Tor wird zum ersten Mal erwähnt.

1408
Das Flinger Tor wird zum ersten Mal erwähnt.

1437
Die Rechte der Stadt werden bestätigt und erweitert.

1510–1520
Düsseldorf wird Hauptstadt der Herzogtümer Jülich, Kleve und Berg.
Das Schloss brennt.

um 1538
Die Zitadelle wird gebaut. Die Bauarbeiten dauern bis circa 1620.

1570–1573
Das Alte Rathaus am Markt wird erbaut.

1585
Die Hochzeit des Erbprinzen Johann Wilhelm mit Jakobe von Baden wird gefeiert.

um 1610
Auf dem Ratinger Tor wird eine Windmühle errichtet.

1614
Die Herzogtümer Jülich und Berg mit der Hauptstadt Düsseldorf fallen an die Fürsten von Pfalz-Neuburg.

1634
Der Blitz schlägt in den Pulverturm ein und verursacht schwere Schäden an der Lambertuskirche, am Schloss und in der Stadt.

1658
Johann Wilhelm (Jan Wellem), Erbprinz aus dem Hause Pfalz-Neuburg, wird in Düsseldorf geboren.

1660–1667
Ein erstes Wasserschloss wird in Benrath errichtet.

1669
Großbrand in der Stadt.

1679–1716
Johann Wilhelm (Jan Wellem) von Pfalz-Neuburg, Herzog von Jülich und Berg, seit 1690 auch Kurfürst von der Pfalz, regiert in Düsseldorf.

1699
Über den Rhein gibt es eine „fliegende Brücke“ (Fähre) und die Stadt erhält eine Straßenbeleuchtung.

um 1711
Das Jan-Wellem-Denkmal wird errichtet.

1746/47
Kurfürst Carl Theodor besucht Düsseldorf zum ersten Mal.

1756–1770
Das Rokokoschloss, der Garten und der Park von Schloss Benrath werden errichtet.

1763
Vollendung von Schloss Jägerhof.

1777
Die Zeichenschule wird „Kurfürstliche Kunstakademie“.

1787
Die Karlstadt wird gebaut.

1792
Neubau der Synagoge an der Kasernenstraße.

1794
Französische Revolutionstruppen beschießen die Stadt.
Es entstehen schwere Schäden am Schloss. Die Häuser erhalten Nummern.

1795
Die Stadt wird von französischen Truppen besetzt.

1797
Heinrich Heine wird in der Bolkerstraße geboren.

1801
Die Festungswerke werden geschleift.

1804
Der Hofgarten wird erweitert, Königsallee und Heinrich-Heine-Allee angelegt.

1805
Die Gemäldegalerie Johann Wilhelms wird nach München gebracht.

1806
Das Herzogtum Berg fällt an Frankreich. Düsseldorf wird Hauptstadt des Großherzogtums Berg.

1811
Napoleon besucht Düsseldorf.

1811–1814
Neubau des Ratinger Tores.

1815
Das Rheinland wird preußisch.

1816
Das erste Dampfschiff passiert Düsseldorf.

1819/26
Die kurfürstliche Kunstakademie wird als Königlich Preußische Kunstakademie weitergeführt und nimmt unter den Direktoren Peter Cornelius († 1867) und ab 1826 Wilhelm von Schadow († 1862) einen bedeutenden Aufschwung.

1820
Düsseldorf wird zum Tagungsort des neugeschaffenen Provinziallandtags der Rheinprovinz bestimmt.

1830
Das Jan-Wellem-Denkmal erhält den heutigen Sockel. Düsseldorf trägt den Titel „Kunst- und Gartenstadt" in der Zeit um 1830 zurecht. Das kulturelle Leben war mit Namen wie Peter Cornelius, Wilhelm von Schadow, Karl Leberecht Immermann, Christian Dietrich Grabbe, Felix Mendelssohn-Bartholdy und Robert Schumann verbunden – Düsseldorfer Straßennamen erinnern an sie.

1838
Eröffnung der Eisenbahnstrecke Düsseldorf-Erkrath.

1839
Eine Schiffbrücke ersetzt die „fliegende Brücke".

1846
Gründung der städtischen Gemäldegalerie.

1870
Erste Eisenbahnbrücke über den Rhein bei Hamm.

1872
Das Schloss brennt und wird zerstört. Daraufhin wird die Berufsfeuerwehr gegründet.

1875
An der Kasernenstraße wird eine neue Synagoge errichtet.

1878
Die Henkel-Werke siedeln nach Düsseldorf um.

1879
Neubau der Kunstakademie.

1880
Das Ständehaus wird eröffnet.

1882
Düsseldorf wird Großstadt.

1884
Die Düsseldorfer Börse* wird eröffnet.

1891
Der Hauptbahnhof wird eröffnet. Es gibt ein Elektrizitätswerk.

1895
Das Berger Tor, der letzte Rest der Stadtbefestigung, wird abgerissen.

1896
Der neue Rheinhafen wird eingeweiht.

1889
Einweihung der Oberkasseler Brücke.

1905
Louise Dumont und Gustav Lindemann eröffnen das Düsseldorfer Schauspielhaus.

1909
Erste Stadterweiterung durch Eingemeindung von Eller, Gerresheim, Heerdt, Himmelgeist, Ludenberg, Rath, Stockum und Vennhausen. Damit verdoppelt sich das Stadtgebiet.

1921–1925
Die Stadt ist von französischen Truppen besetzt.

1926
Die große Ausstellung für Gesundheitspflege, soziale Fürsorge und Leibesübungen, die „Gesolei", wird eröffnet.

1927
In Lohausen wird der Flughafen eröffnet.

1929
Zweite Stadterweiterung durch Eingemeindung von Benrath, Garath, Hassels, Itter, Kaiserswerth, Lohausen, Reisholz und Urdenbach. Die Südbrücke wird eingeweiht.

1938
Beim Pogrom* im November werden die Synagoge an der Kasernenstraße und die Synagoge in Benrath niedergebrannt. Jüdische Mitbürger werden verfolgt und ermordet.

1940
Auf Düsseldorf fallen die ersten Bomben.

1942–1945
Durch 243 Luftangriffe und Beschießung wird die Hälfte der Stadt zerstört. Unter der Bevölkerung gibt es 6 000 Tote.

1946
Die englische Besatzungsmacht führt die Stadtverwaltung nach englischem Vorbild ein. Düsseldorf wird die Hauptstadt von Nordrhein-Westfalen.

1949
Das Ständehaus wird wieder aufgebaut und Sitz des Landtags von Nordrhein-Westfalen.

1953
Enthüllung des Heine-Denkmals auf dem Napoleonsberg.

1955
Die Königsallee wird zum letzten Mal von einer Straßenbahn befahren.

1956
Eröffnung des neuen Opernhauses.

1960
Eröffnung der Paul-Klee-Sammlung.

1962
Der sogenannte Tausendfüßler, die Hochstraße am Jan-Wellem-Platz, wird dem Verkehr übergeben. Der Ausbau der Berliner Allee dauert noch bis 1964.

1963
675-Jahr-Feier der Stadt mit der Neuaufstellung des Löwen an der Königsallee. Neueröffnung des Stadtmuseums im Spee'schen Palais.

1967
Eröffnung der neuen Kunsthalle und des „Kö-Centers".

1969
Die Rheinkniebrücke wird dem Verkehr übergeben.

1970
Eröffnung des neuen Schauspielhauses.

1973
Eröffnung der Japanischen Schule in Oberkassel.
Der U-Bahn-Bau beginnt.

1975
Dritte Stadterweiterung durch Eingemeindung von Wittlaer, Kalkum, Angermund, Hubbelrath, Hassel-beck-Schwarzbach, Unterbach, Monheim und Baumberg. Einteilung des Stadtgebietes in zehn Stadtbezirke mit 49 Stadtteilen.

1978
Eröffnung der neuen Tonhalle am Rhein.

1982
Einweihung des Fernmeldeturms im Hafengelände.

1987
Die Mahn-und Gedenkstätte in der Mühlenstraße wird eröffnet.

1988
Der Landtag bezieht den Neubau am Rheinufer.

1991
Das WDR-Funkhaus wird eröffnet.

1992
In Oberkassel wird der Buddhistische Tempel eingeweiht.

1993
Verlagung der Rheinuferstraße in einen Tunnel. Zwei Jahre später wird die Rheinufer-Promenade den Fußgängern übergeben.

1999
Die Staatskanzlei zieht in das Stadttor.
Die Häuser des Architekten Gehry im „Medienhafen" werden eingeweiht.

2000
Das 25-jährige Jubiläum des Japanischen Gartens wird gefeiert.

2002
Der Umbau des Ständehauses zum Museum K21 ist vollendet.

Glossar – ein Mittel gegen unverständliche Begriffe

Manche Begriffe im Buch waren dir vielleicht nicht geläufig. Du kannst sie hier nachschlagen und dir erklären lassen.

Absolutismus Regierungsform, in der ein Staatsoberhaupt uneingeschränkt und ohne Kontrolle herrscht. Der Wille des Königs gilt als oberstes Gesetz.

Allongeperücke Langhaarige Lockenperücke für Herren.

Alte Pinakothek Siehe Pinakothek.

Amphore Bauchiger Krug aus gebranntem Ton mit engem Hals und zwei Henkeln. Wurde in der Antike besonders für Wein und Öl benutzt.

Barock Kunststil, der in der Zeit von etwa 1600 bis 1770 beliebt war (siehe auch Rokoko). Er bevorzugte besonders geschwungene, ausladende Formen und Schnörkel.

Börse Organisierter Markt, wo Kaufleute und Händler zusammentreffen, um mit Wertpapieren und Waren zu handeln. Die Preise richten sich nach Angebot und Nachfrage.

Bombarde Geschütz, mit dem Kugeln abgefeuert wurden, um Breschen (Durchlässe) in Stadtmauern zu schießen.

Caduceus Stab, der mit zwei Schlangen umwunden ist. Er ist Zeichen eines Herolds oder Gesandten, deshalb auch Heroldsstab genannt. Er ist das Erkennungszeichen des römischen Götterboten Merkur.

Demokratie Staatsform, in der die Staatsgewalt vom Volk ausgeht. Zu einer Demokratie gehören allgemeine Regeln und freie, allgemeine, gleiche und geheime Wahlen.

Erzbischof Führt die Oberaufsicht über die Bischöfe. Der Bischof ist in den christlichen Kirchen der Aufseher eines Bezirkes, den man Bistum oder Diözese nennt.

Exil Aufenthalt im Ausland aus politischen Gründen. Meist nach Verfolgung, Verbannung, Ausbürgerung oder Flucht.

Expressionismus Kunststil, der in Deutschland etwa ab 1905 aufkam. Er drückt durch leuchtende Farben und kräftige Pinselstriche ein inneres Empfinden aus und bildet nicht die Wirklichkeit ab.

Franken Nach dem Zerfall des Römischen Reiches bildete sich zwischen dem 3. und 9. Jahrhundert in West- und Mitteleuropa das Reich der Franken. Franken bedeutet „die Kühnen“ oder „die Freien“.

Galerie Nach einer Seite offener, lang gestreckter Gang, vor allem in Schlössern. Von hier ging der Begriff auf die in solchen Gängen aufgehängten Sammlungen von Gemälden über. Auch die umlaufenden oberen Ränge in einem Theater oder die Empore in einem hohen Saal nennt man Galerie.

Glossen Wörter, die man erklären muss. Das Glossar ist eine Zusammenstellung dieser Wörter.

Gotik Kunststil des Mittelalters. In Deutschland von etwa 1230 bis 1450. In der Baukunst ist der Stil an spitzen Bögen, hoch aufragenden Türmen, vielen Verzierungen und großen, hohen, meist bunten Fenstern zu erkennen. Sie sind mit Maßwerk verziert, einem blattähnlich durchbrochenen Stein.

Hellebarde Stoß- und Hiebwaffe der Fußtruppen in Mittelalter und früher Neuzeit.

Heroldsstab Siehe Caduceus.

Kaiserpfalz Pfalz (siehe dort) für den Kaiser.

Klassizismus Kunststil von etwa 1750 bis 1830, der Themen und Formen der klassischen Antike zum Vorbild nimmt, zum Beispiel Säulen und dreieckige Giebel.

Kristallleuchter Kronleuchter aus geschliffenem Glas.

Kurfürst Das Wort *Kur* oder *Kure* bedeutet Wahl. Die Kurfürsten des Heiligen Römischen Reiches Deutscher Nation waren alleine berechtigt, den König zu wählen.

Lakai Herrschaftlicher, meist fürstlicher Diener, der während seines Dienstes die Livree trägt.

Livree Uniformartige Dienerkleidung.

Mausoleum Monumentaler, oft prächtiger Grabbau.

Mittelalter Bezeichnet die Zeit zwischen der Antike und der Neuzeit von etwa 500 bis 1500.

Nationalsozialismus Politische Bewegung, die in der Zeit nach dem Ersten Weltkrieg entstand und unter ihrem Führer Adolf Hitler in der Katastrophe des Zweiten Weltkrieges endete.

Neuzeit Einer der drei großen Zeitabschnitte der Geschichte nach Antike und Mittelalter. Sie begann um 1500 und dauert bis heute an. Um die jüngste Vergangenheit besser abzugrenzen, nennt man ungefähr die letzten hundert Jahre „Moderne".

Palas Gebäudeteil im Obergeschoss einer Burg, in dem sich der große Saal und einige Nebengemächer befinden.

Papst Oberhaupt der Katholischen Kirche und Stellvertreter Jesu Christi auf Erden.

Pergament Enthaarte, aber nicht gegerbte Tierhaut, die vor der Erfindung des Papiers als Schreibgrund verwendet wurde.

Pinakothek In römischer Zeit ein Raum, der mit Bildern geschmückt war. Daraus entwickelte sich der Begriff für Gemäldesammlungen. In München gibt es die Alte, die Neue und die Pinakothek der Moderne.

Pfalz Früher regierten die Könige nicht von ihrem Schloss in der Hauptstadt aus, sondern sie zogen mit ihrem Hofstaat von Ort zu Ort und wohnten in der Pfalz.

Pfalzgraf Das Gebiet um eine Pfalz war dem Pfalzgrafen unterstellt, der es bei Abwesenheit des Königs regierte.

Pogrom Gewaltsame Ausschreitung gegen eine Minderheit verbunden mit Plünderungen, Misshandlungen oder Mord.

Politik Regelung des Zusammenlebens der Menschen und alle Maßnahmen und Entscheidungen zur Führung des Gemeinlebens.

Porträt Bildliche Darstellung eines Menschen, die seinen Charakter und Wesenzüge wiederspiegelt. Meist als Brustbild.

Putte Figur eines kleinen, nackten Knaben, oft auch mit Flügeln.

Reliquien Bedeutet „Überreste" von Heiligen, zum Beispiel Körperteile oder auch Gegenstände, die zu seinem Leben gehörten. In Reliquien ist nach christlichem Glauben die Kraft des Heiligen noch gegenwärtig.

Renaissance In dieser Epoche von 1450 bis 1600 lebten die Gedanken und die Kunst der römischen Antike wieder auf. Das Wort stammt aus dem Französischen und bedeutet „Wiedergeburt".

Residenz Sitz eines Staatsoberhauptes, Fürsten oder geistlichen Würdenträgers.

Rokoko Verspielter, verschnörkelter Kunststil von etwa 1720 bis 1780, vor allem für Innenräume und Möbel.

Roma Oberbegriff für Bevölkerungsgruppen, die zum größten Teil aus Indien stammen (siehe auch Sinti). Im Mittelalter wanderten sie nach Europa ein. Sie wurden oft verfolgt, vor allem in der Zeit des Nationalsozialismus.

Romanik Kunststil von etwa 1000 bis 1280, der in der Baukunst römische Formen aufnahm wie etwa Säulen, Rundbogen, kleine Fenster und wuchtige Mauern.

Sarkophag Ursprünglich ein Sarg aus Stein, der über der Erde steht.

Schweizergarde Leib- und Palastwache des Papstes, die 1505/06 gegründet wurde. Zu dieser Zeit standen überwiegend Soldaten aus der Schweiz im Wachdienst.

Sinti Name einer Untergruppe der Roma (siehe auch Roma).

Skulptur Werk der Bildhauerkunst.

Sowjetunion Staat in Osteuropa und Nordasien, in dem viele Völker lebten und der diktatorisch regiert wurde. Er wurde 1922 gegründet und 1991 aufgelöst.

Stuck Material aus Gips, Kalk, Sand und Wasser für Plastiken und Dekorationen in Innenräumen.

Stuckateure Handwerker, die mit Stuck arbeiten.

Stuckmarmor Aus Stuck nachgeahmter Marmor.

Stuckreliefs Plastisches Bildwerk aus Stuck, bei dem sich die Darstellung aus dem Untergrund herauswölbt.

Sünde Übertretung eines göttlichen Gebotes. Das Mittelalter kannte „Sieben Todsünden" als Ursachen dafür, dass Menschen Sünden begehen: Hochmut (Eitelkeit, Ruhmsucht); Geiz (Habgier); Genusssucht; Zorn (Wut, Rachsucht); Völlerei (Gefräßigkeit, Maßlosigkeit, Selbstsucht); Neid (Missgunst, Eifersucht); Trägheit (Faulheit, Feigheit, Dummheit).

Supraporte Eingerahmte Fläche über Türen, die mit Bildern oder Ornamenten ausgefüllt ist.

Synagoge Gebäude, in dem die jüdische Gemeinde ihren Gottesdienst feiert.

Tempel Bezeichnung von Gebäuden der unterschiedlichsten Religionen, die als Heiligtum dienen.

Triton Meeresgott, Begleiter des Neptun, halb Mensch, halb Fisch.

Varusschlacht Auch als Schlacht im Teutoburger Wald oder Hermannsschlacht bezeichnet. Im Jahr 9 n. Chr. erlitten drei römische Legionen unter Publius Quintilius Varus eine vernichtende Niederlage gegen das germanische Heer unter der Führung des Arminius („Hermann"), eines Fürsten der Cherusker.

Wallfahrtsort Heilige Stätte, zu der Gläubige pilgern.

Zitadelle Festung innerhalb oder am Rande der Stadt.

Wichtige Adressen – alle einen Besuch wert!

Aquazoo – Löbbecke Museum
Kaiserswerther Straße 380, 40200 Düsseldorf
Tel. 0211/89-961 50
www.duesseldorf.de/aquazoo
Haltestelle: Nordpark/Aquazoo
Mo–So 10–18 Uhr
Familienkarte für 2 Erwachsene und alle eigenen Kinder 12,– EUR, Kinder bis 6 Jahre haben freien Eintritt

Ekô-Haus der Japanischen Kultur e.V.
Brüggener Weg 6, 40547 Düsseldorf
Tel. 0221/57 79 18-0
www.eko-haus.de
Haltestelle: Heerdter Sandberg
Di–So 13–17 Uhr

Filmmuseum Düsseldorf
Schulstraße 4, 40213 Düseldorf
Tel. 0211/89-922 32, -922 56
www.duesseldorf.de/kultur/filmmuseum
Haltestellen: Heinrich-Heine-Allee, Benrather Straße
Di–So 11–17 Uhr, Mi 11–21 Uhr
Kinder und Jugendliche bis 18 Jahre haben freien Eintritt

Glasmuseum Hentrich im museum kunst palast
Kulturzentrum Ehrenhof
Ehrenhof 4–5, 40479 Düsseldorf
Tel. 0211/89-924 63
www.glasmuseum-hentrich.de
Haltestellen: Nordstraße, Ehrenhof/Kunsthalle, Sternstraße
Di–So 11–18 Uhr
Anhand eigens entwickelter didaktischer Hilfsmittel werden die Glasherstellung usw. erklärt und „begreiflich“ gemacht (Anfassen erlaubt). Filme zeigen Künstler bei ihrer Arbeit.

Goethe-Museum
Anton-und-Katharina-Kippenberg-Stiftung, Schloss Jägerhof
Jacobistraße 2, 40211 Düsseldorf
Tel. 0211/89-962 62
www.goethe-museum.com
Di–Fr, So 11–17 Uhr, Sa 13–17 Uhr
Haltestelle: Adlerstraße
Wechselnde Programme werden für Kinder ab 10 Jahren während der Oster-, Sommer- und Herbstferien angeboten.

Heinrich-Heine-Institut
Bilker Straße 12–14, 40213 Düsseldorf
Tel. 0211/89-955 71, -929 02
www.duesseldorf.de/heineinstitut
Haltestelle: Heinrich-Heine-Allee
Di–Fr, So 11–17 Uhr, Sa 13–17 Uhr
Kinder und Jugendliche bis 18 Jahre haben freien Eintritt
Führungen für Schulklassen

Hetjens-Museum/Deutsches Keramikmuseum
Schulstraße 4, 40213 Düsseldorf
Tel. 0221/89-942 10
www.duesseldorf.de/hetjens
Haltestelle: Heinrich-Heine-Allee
Di, Do–So 11–17 Uhr, Mi 11–21 Uhr
Laufend praktische Keramikkurse für Kinder, Jugendliche und Erwachsene, Führungen für Schulklassen und private Gruppen möglich (Tel. 0211/89-942 06)

K20 Kunstsammlung Nordrhein-Westfalen
Grabbeplatz 5, 40213 Düsseldorf
Tel. 0211/83 81-130
www.kunstsammlung.de
Haltestelle: Heinrich-Heine-Allee
Di–Fr 10–18 Uhr, Sa/So 11–18 Uhr
Familienkarte für 2 Erwachsene und bis zu vier Kinder 15,– EUR; jeden 1. Mi im Monat von 18–22 Uhr freier Eintritt
Familienführung für Kinder ab 7 Jahre und ihre Eltern jeden 1. Sa im Monat 16 Uhr, Kinderführung ab 7 Jahre jeden 1. So im Monat parallel zur öffentlichen Führung 11.30 Uhr
Kunstklub Kids: Für 20,– EUR Jahresbeitrag gibt es eine VIP-Klubkarte mit vielen Extras, die u.a. ein Jahr lang freien Eintritt in K20 und K21 gewährt, jeden 2. Mi ein Klubtreff, bei dem man eigene Kunsterfahrungen machen kann usw.

K21 Kunstsammlung Nordrhein-Westfalen
Ständehausstraße 1, 40217 Düsseldorf
Tel. 0211/83 81-600
www.kunstsammlung.de
Haltestelle: Graf-Adolf-Platz
Di–Fr 10–18 Uhr, Sa/So 11–18 Uhr
Familienkarte für 2 Erwachsene und bis zu vier Kinder 15,– EUR
Familienführung für Kinder ab 7 Jahre und ihre Eltern immer So 11 Uhr

Kunsthalle Düsseldorf
Grabbeplatz 4, 40213 Düsseldorf
Tel. 0211/89-962 43
www.kunsthalle-duesseldorf.de
Haltestelle: Heinrich-Heine-Allee
Di–Sa 12–19 Uhr, So 11–18 Uhr
Kinder und Jugendliche bis 18 Jahre haben freien Eintritt
Kostenlose Führung jeden So 12.30 Uhr

Mahn- und Gedenkstätte Düsseldorf
Mühlenstraße 29, 40213 Düsseldorf
Tel. 0211/89-962 05
www.ns-gedenkstaetten.de/nrw
Haltestelle: Heinrich-Heine-Allee
Di–Fr, So 11–17 Uhr, Sa 13–17 Uhr
Führungen nach Vereinbarung, Eintritt frei
Besondere Angebote für Schülerinnen und Schüler aller Schulformen ab der 4. Klasse

museum kunst palast
Ehrenhof 4–5, 40479 Düsseldorf
Tel. 0211/89-242 42
www.museum-kunst-palast.de
Haltestellen: Nordstraße, Ehrenhof/Kunsthalle, Sternstraße
Di–Do 11–18 Uhr, bei Sonderausstellungen auch bis 20 Uhr
Familienprogramm, Programme für Kindergärten und Vorschulkinder

Robert-Schumann-Saal
im museum kunst palast
Ehrenhof 4–5, 40479 Düsseldorf
Tel. 0211/893 41 55
www.museum-kunst-palast.de
Haltestellen: Nordstraße, Ehrenhof/Kunsthalle, Sternstraße

Schifffahrtsmuseum im Schlossturm
(Abteilung des Stadtmuseums)
Burgplatz 30, 40200 Düsseldorf
Tel. 0211/89-941 95
Haltestelle: Heinrich-Heine-Allee
Di–So 11–18 Uhr

Stadtmuseum
Berger Allee 2, 40213 Düsseldorf
Tel. 0221/89-961 70
www.duesseldorf.de/stadtmuseum
Haltestellen: Poststraße, Heinrich-Heine-Allee

Di–So 11–18 Uhr
Eintritt frei
Führungen und Veranstaltungen für Kinder (auch außerhalb der Öffnungszeiten möglich) nach Anmeldung unter
Tel. 0211/89-964 95 (Mo–Fr 7.30–13.30 Uhr)

Stiftung Schloss und Park Benrath
Museum für Europäische Gartenkunst, Corps de Logis, Museum für Naturkunde
Benrather Schlossallee 100–106,
40597 Düsseldorf
Tel. 0211/892 19 03
www.schloss-benrath.de
Haltestellen: Schloss Benrath,
Bahnhof Benrath
Mitte Apr.–Ende Okt. Di–So 10–18 Uhr,
Nov.–Mitte Apr. Di–So 11–17 Uhr
Verbundkarte für alle Museen möglich, Kinder und Jugendliche bis 18 Jahre haben freien Eintritt
Führungen für Familien und Schulklassen, Projekte, Ferienveranstaltungen, Kindergeburtstage/Kinderführungen, Grünes Klassenzimmer

Theatermuseum der
Landeshauptstadt Düsseldorf
Hofgärtnerhaus
Jägerhofstraße 1, 40479 Düsseldorf
Tel. 0211/89-961 30
www.duesseldorf.de/theatermuseum
Haltestellen: Heinrich-Heine-Allee,
Jan-Wellem-Platz, Sternstraße
Di–So 13–20.30 Uhr
In den Kursen der „Theaterschule“ machen Kinder und Erwachsene erste Schritte auf der Bühne, lernen Pantomime, Tanz, Musik und Sprache.
Einmal im Monat sonntags ist die Puppenbühne „Bauchkribbeln“ zu Gast, Kinder 4,– EUR, Erw. 6,– EUR
www.puppenbuehne-bauchkribbeln.de

Düsseldorfer Marionetten-Theater
im Palais Wittgenstein
Bilker Straße 7, 40213 Düsseldorf
Tel. 0211/32 84 32
Haltestelle: Heinrich-Heine-Allee
www.marionettentheater-duesseldorf.de

Düsseldorfer Schauspielhaus
Großes Haus, Kleines Haus
Gustaf-Gründgens-Platz 1, 40211 Düsseldorf
Tel. 0211/85 23-0
www.duesseldorfer-schauspielhaus.de
Haltestellen: Jan Wellem Platz,
Heinrich-Heine-Allee
Schülerermäßigung, Wochenendworkshops

Das Junge Schauspielhaus
Münsterstraße 446, 40470 Düsseldorf
Tel. 0211/85 23-710
www.volldastheater.de
Haltestellen: Am Schein, S-Bf. Rath-Mitte
U.a. Kinder- und Jugendensemble „K-Club No 1“ für 10- bis 15-Jährige

Deutsche Oper am Rhein/Junge Oper
Heinrich-Heine-Allee 16a, 40213 Düsseldorf
Tel. 0211/89 25-211
www.rheinoper.de
Haltestelle: Heinrich-Heine-Allee
Schülerermäßigung, Familienvorstellungen. Operngläser gegen Pfand zu leihen

Rheingold e.V.
Forum der Oper für junge Leute, die Spaß an Oper und Ballett haben. Umfangreiches Angebot für Mitglieder, Jahresbeitrag für Schüler 15,– EUR
Tel. 0211/89 08-297
www.rheingold-ev.de

Puppentheater Helmholtzstraße
Helmholtzstraße 38, 40215 Düsseldorf
Tel. 0211/37 24 01
www.puppentheater.de

Tonhalle Düsseldorf
Ehrenhof 1, 40479 Düsseldorf
Tel. 0211/89-961 23
www.tonhalle-duesseldorf.de
Haltestelle: Tonhalle

Art:card junior
Jahreskarte (6–12 Jahre) für alle Museen in Düsseldorf und ausgewählte in der Umgebung.
Preis: 1. Kind 15,–, 2. Kind 10,–, 3. Kind 5,– EUR, ab dem 4. Kind kostenlos. Erhältlich in allen Museen in Düsseldorf und den Tourist-Informationen. Weitere Informationen:
Tel. 01805/78 87 89 (EUR 0,14/Min.)
www.duesseldorf.de/kultur/artcard

Außerhalb Düsseldorfs:

Neanderthal-Museum
Talstraße 300, 40822 Mettmann
Tel. 02104/97 97-97
www.neanderthal.de
Haltestellen: Neandertal (Buslinien 741, 743), Bf. Neandertal, Bf. Hochdahl
Di–So 10–18 Uhr
Steinzeitwerkstatt mit Workshops, Führungen, Ferienprogramm, Kindergeburtstage (Tel. 02104/97 97-15). Die Internetseite des Museums hat einen eigenen Kinderbereich, wo das Leben der Neandertaler gezeigt und erklärt wird.

Schloss Burg an der Wupper
42659 Solingen
Tel. 0212/24 22-626
www.schlossburg.de
Anreise: Bahnhof Solingen Mitte, Weiterfahrt mit der Buslinie 683 bis Solingen Burg/Brücke, anschließend mit der Buslinie 689 bis Solingen Burg/Schloss oder mit der Seilbahn
Di–So 10–18 Uhr, Mo 13–18 Uhr
U.a. Ritterspiele, mittelalterliche Märkte und Basare und „Belebungen" (die „Wahre Bergischen Ritterschaft" zeigt und erklärt Leben und Treiben auf der Burg in Kostümen; Termine und Programm im Internet)

Bildnachweis

Sämtliche Fotos von Bernd Schaumann außer:
12, 49, 50, 52o., 53, 54, 57, 66, 75 o. li., 85, 86, 107, 110 Stefan Arendt, Medienzentrum Rheinland
16 o., 46, 74, 83 u., 108, 156 Weidenhaupt, Hugo (Hrsg.): Düsseldorf. Geschichte von den Anfängen bis ins 20. Jahrhundert. Düsseldorf 1989
16 u. Weidenhaupt, Hugo (Hrsg.): Kleine Geschichte der Stadt Düsseldorf. Düsseldorf 1983
19 Archiv Bachem
20, 58 u., 75 o. re. Medienzentrum Rheinland
24 u. Institut für Denkmalschutz und Denkmalpflege, Landeshauptstadt Düsseldorf
26, 51, 84, 90, 94, 99 m., 101 o., 109, 112 u., 113, 115, 116, 117, 118 u., 119 o., 126 u., 129, 134 o. Stadtarchiv Düsseldorf
27 o. Postkarte, Stadtmuseum Düsseldorf
27 u., 124, 126 o. Kölnisches Stadtmuseum
36, 60, 158 u. www.wikipedia.de – GNU freie Dokumentationslizenz
41, 48 Rheinisches Amt für Denkmalpflege, Fotograf: Jürgen Gregori
42 Csaba Peter Rakoczy
58 o., 99 u., 100 o., 121 museum kunst palast, Düsseldorf
62 o., 142, 152 Ulrich Otte, Düsseldorf Marketing & Tourismus GmbH
63, 65, 68 Stiftung Schloss und Park Benrath
64 Walter Klein
78, 80 o., 81 o. Heinrich Heine Institut, Düsseldorf
93 Landeshauptstadt Düsseldorf
101 u. Koelnerfoto – Bildarchive & Medien
119 u. Kaufhof Warenhaus AG
125 NS Dokumentationszentrum der Stadt Köln, Bp 5372
134 u. Landesregierung Nordrhein Westfalen
158 o. Michael Bengel

Trotz intensiver Bemühungen ist es uns nicht in allen Fällen möglich, die rechteinhaber der Fotos ausfindig zu machen. Berechtigte Ansprüche werden selbstverständlich im Rahmen der üblichen Vereinbarungen abgegolten.

BACHEM KINDER

Bachems Wimmelbilderbücher – Geschichte(n) für Kinder ab 2 Jahren

je 12 Pappseiten, 27 x 37,7 cm

Eine Rheinreise in Bildern

Offizielles Begleitbuch zur Ferienstraße „Rheinischer Sagenweg" für Familien mit Kindern ab 2 Jahren

Romantischer Rhein

ISBN 978-3-7616-2253-7

Nicht nur die ganz Kleinen amüsieren sich: Auf dieser Rheinreise wandert das Auge zu zahlreichen Orten und Burgen sowie den Schauplätzen der bekanntesten und schönsten Sagen und Geschichten. Man erkundet die Landschaft, sieht sich unversehens mitten in historischen Ereignissen und trifft bekannte Gestalten: Heinzelmännchen, Loreley, den deutschen Michel und natürlich Vater Rhein.
Illustrator Andreas Ganther entführt augenzwinkend und detailfreudig an den Rhein und seine Nebenflüsse.

Düsseldorfs Geschichte – lustig und lehrreich

Mit Jan Wellem durch Düsseldorf

ISBN 978-3-7616-2213-1

Jan Wellem, Schneider Wibbel und Radschläger: Überall in Düsseldorf gibt es viel zu entdecken, auf dem Burgplatz, im Hofgarten und auf der Königsallee. Doch was ist das? Taucht da etwa ein U-Boot im Kö-Graben auf?
Die Illustrationen aus der Feder von Hennes Blaubach geben erste Einblicke in Düsseldorfer Geschichte und zeigen liebevolle Details aus dem Stadtbild.

Außerdem erschienen:

In fünf Jahreszeiten durch Köln

hrsg. v . A. Kleinings, A. Voß
illustr. v. H. Blaubach
ISBN 978-3-7616-2007-6

Komm mit nach Mallorca

hrsg. v . A. Kleinings, A. Voß
illustr. v. A. Ganther
ISBN 978-3-7616-2082-3

Ein Jahr im Nationalpark Eifel

hrsg. v. Förderverein Nationalpark Eifel e. V.
illustr. v. Heiko Wrusch
ISBN 978-3-7616-2149-3

Meine Kölner Stadtgeschichte

hrsg. v. M. Euler-Schmidt
illustr. v. A. Ganther
ISBN 978-3-7616-2147-9

IN JEDER BUCHHANDLUNG ERHÄLTLICH

J.P. BACHEM VERLAG

KINDER BACHEM

2000 Jahre Kölner Geschichte für Kinder

Elisabeth Mick
Mit der Maus durch Köln

208 Seiten mit zahlreichen farbigen Abb. und Karten
15,8 x 21,1 cm, gebunden

ISBN 978-3-7616-1914-8

Die Maus: © I. Schmitt-Menzel. WDR mediagroup licensing GmbH. Die Sendung mit der Maus ® WDR

Mercur, Teufel, Heinzel Mann und Emma Elf treffen sich auf der Domplatte in Köln. Mercur ist der Spezialist für die Römerzeit. Er erzählt von der CCAA, der Colonia Claudia Ara Agrippinesium, und den zahlreichen Spuren, die heute noch davon im Stadtbild Zeugnis geben. Die Zeit des Teufels ist das Mittelalter, von der fränkischen Zeit bis zum Ende der Freien Reichsstadt Köln. Er berichtet von Handel und Handwerk, Politik und Herrschaft und vom Alltagsleben im heiligen Köln mit seinen romanischen Kirchen und dem Beginn des Dombaus. Von den großen Umwälzungen in der Neuzeit erzählt der Heinzel Mann. Die Vollendung des Domes, die Industrialisierung, Schokoladenherstellung und Karneval sind seine Themen. Emma Elf kennt sich in der Zeit aus, von der noch unsere Großeltern berichten können: Nationalsozialismus, Zweiter Weltkrieg, Nachkriegszeit und natürlich die Zeit, in der wir leben.

Lustig, spannend und anschaulich erzählt dieses Sachbuch für Kinder von 8 bis 12 Jahren, Eltern, Großeltern und Lehrern die Geschichte Kölns. Sagen, Legenden und Sachtexte sowie eine Zeitleiste, ein Glossar für Wörter, die man erklären muss, und nützliche Adressen ergänzen das Buch.

Mit je einem Gutschein für einmal freien Eintritt für ein Kind ins Kölnische Stadtmuseum und ins Römisch-Germanische Museum!

IN JEDER BUCHHANDLUNG ERHÄLTLICH

J.P. BACHEM VERLAG

Auf Entdeckungsreise durch das „sagenumwobene“ Rheintal

Begleitbuch zum „Rheinischen Sagenweg“ für Kinder.
www.rheinischersagenweg.de

Elisabeth Mick
Mit der Maus auf Rheinreise

240 Seiten mit zahlreichen
farbigen Abb. und Karten
15,8 x 21,1 cm, gebunden

ISBN 978-3-7616-2069-4

DieMaus

Die Maus: © I. Schmitt-Menzel.
WDR mediagroup licensing GmbH.
Die Sendung mit der Maus ® WDR

Die vier Spezialisten für die Römerzeit, das Mittelalter, die Neuzeit und die Moderne treffen sich wieder. Vor den Augen von Mercur, Teufel, Heinzel Mann und Emma Elf steigt der alte, bärtige Vater Rhein aus dem Fluss. Gemeinsam gehen sie auf Reise vom niederrheinischen Düsseldorf bis zum Tor zum Oberrhein, der Gutenbergstadt Mainz. Unterwegs besuchen sie die alten Städte und Städtchen am Rhein, erklimmen den Drachenfels im Siebengebirge und den sagenumwobenen Loreleyfelsen. Natürlich ist Vater Rhein absoluter Fachmann für alle Fragen zum Fluss und zum UNESCO-Weltkulturerbe Mittelrheintal: für Burgen und Schlösser, für romantische Dichtung und Malerei, für die jahrhundertealte Schifffahrt und die Lebewesen im Rhein. Und er kennt viele Sagen, Legenden und Geschichten, die sich um Landschaften, Burgen und den Fluss ranken.

Ein weiteres Sachbuch für Kinder von 8 bis 12 Jahren, Eltern, Großeltern und Lehrer aus der erfolgreichen Reihe „Mit der Maus …“ des J.P. Bachem Verlages. Neben vielen Sachinformationen und einem Glossar erleichtern die nützlichen Adressen und ein Ortsregister die Planung von Ausflügen entlang des Rheins. Auch seine Nebenflüsse, der Westerwald und der Rheingau bieten zahlreiche Ausflugsziele.

Mit je einem Gutschein für einmal freien Eintritt für ein Kind in 29 Museen und Burgen entlang des Rheins!

IN JEDER BUCHHANDLUNG ERHÄLTLICH

J.P. BACHEM VERLAG

Gutschein für einmal freien Eintritt für ein Kind in das Heinrich-Heine-Institut

Bitte im Museum abstempeln lassen.

Gutschein für einmal freien Eintritt für ein Kind in das Hetjens-Museum/Deutsches Keramikmuseum

Bitte im Museum abstempeln lassen.

Gutschein für einmal freien Eintritt für ein Kind in die K21 Kunstsammlung Nordrhein-Westfalen

Bitte im Museum abstempeln lassen.

Gutschein für einmal freien Eintritt für ein Kind in das Neanderthal-Museum

Bitte im Museum abstempeln lassen.

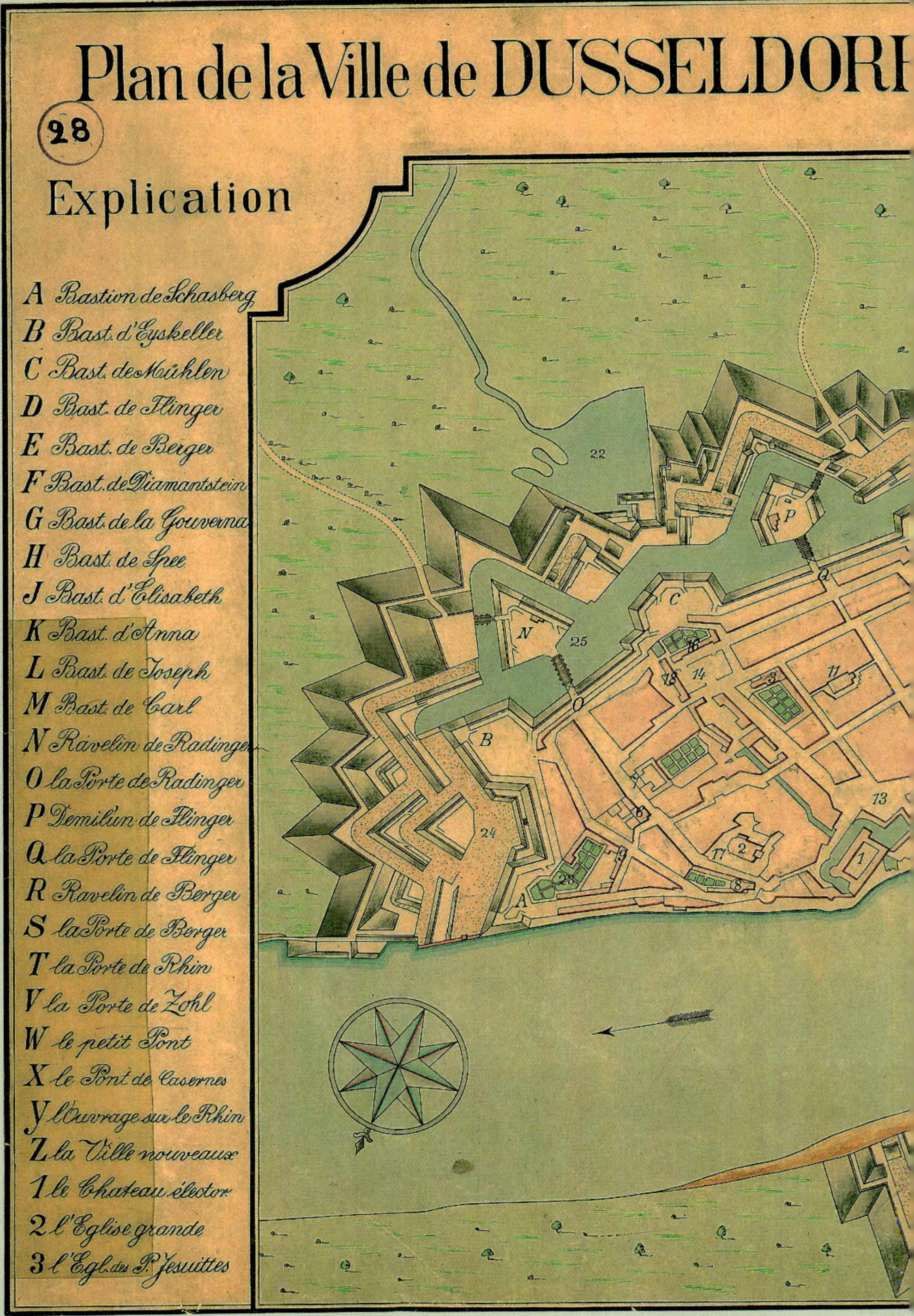
Plan de la Ville de DUSSELDORF
28
Explication
A Bastion de Schasberg
B Bast. d'Eyskeller
C Bast. de Mühlen
D Bast. de Flinger
E Bast. de Berger
F Bast. de Diamantstein
G Bast. de la Gouverna
H Bast. de Spee
J Bast. d'Elisabeth
K Bast. d'Anna
L Bast. de Joseph
M Bast. de Carl
N Ravelin de Radinger
O la Porte de Radinger
P Demilun de Flinger
Q la Porte de Flinger
R Ravelin de Berger
S la Porte de Berger
T la Porte de Rhin
V la Porte de Zohl
W le petit Pont
X le Pont de Casernes
Y l'Ouvrage sur le Rhin
Z la Ville nouveaux
1 le Chateau élector
2 l'Eglise grande
3 l'Egl. des P. Jesuittes